Callwey

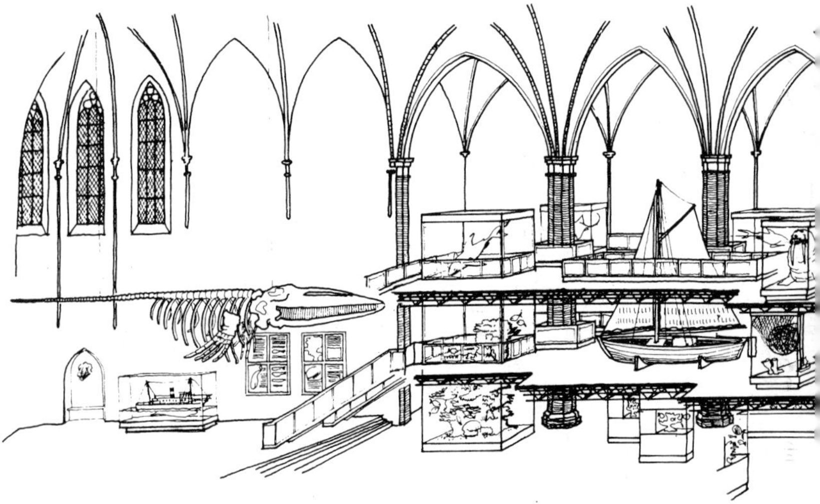

DAS REISELEXIKON

Jobst Broelmann und Klaus Freymann

Schiffahrt

Sammlungen
Museumshäfen
Museumsschiffe

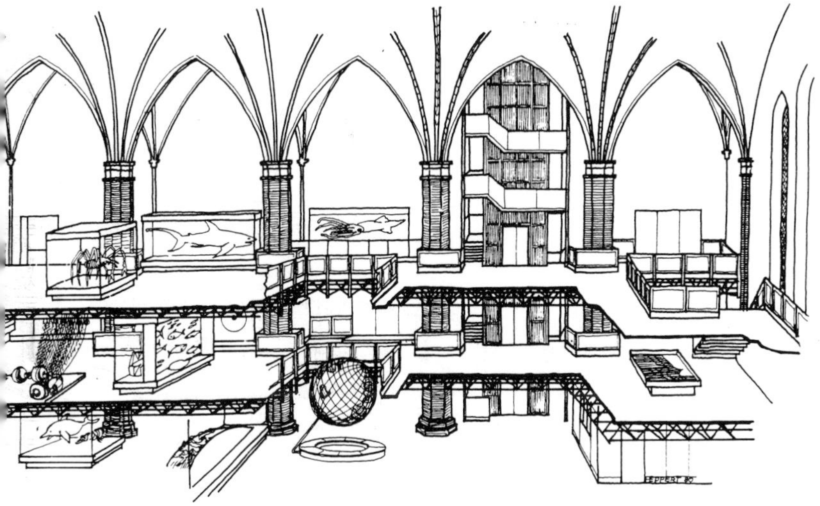

CALLWEY

BILDNACHWEIS

Abbildungen auf dem Einband
Vorderseite: Historisches Museum am Hohen Ufer, Hannover:
Modell der *Royal George* von 1715, Maßstab 1:48; es ist das älteste erhaltene Schiffsmodell in voller Takelage; s. S. 94
Rückseite: Deutsches Museum, München: Blick in einen Maschinenraum; s. S. 122

S. 2/3: Deutsches Museum für Meereskunde und Fischerei, Stralsund: Längsschnitt durch das Museum; s. S. 60
Seite 5: Deutsches Schiffahrtsmuseum, Bremerhaven: Rekonstruierte Ansicht der »Bremer Hansekogge« von 1380; s. S. 26
Seite 7: Morgenstern-Museum, Bremerhaven: Ansicht des Museumsschiffs *FMS Gera*; s. S. 26

Die Zahlen beziehen sich auf die Seiten; alle hier nicht verzeichneten Abbildungen wurden freundlicherweise von den einzelnen Institutionen zur Verfügung gestellt.

Broelmann, Jobst 13, 16, 17, 35, 44, 46 oben, 50, 59, 66, 68 unten, 71 unten, 86 unten, 112, 122 links, 123 beide, 134, 139 beide; Dreher, Hedi 19; Foto Werner Voss 54; Haverland, Fred 55 unten; Heiduk, Johann 82 oben; Landesmuseum für Technik und Arbeit 111; Laska, Egbert 70 unten; Warnke, Gabriele 71 oben

Die Deutsche Bibliothek – CIP-Einheitsaufnahme
Broelmann, Jobst:
Schiffahrt : Sammlungen, Museumshäfen, Museumsschiffe /
Jobst Broelmann und Klaus Freymann. –
München : Callwey, 1995
(Das Reiselexikon)
ISBN 3-7667-1155-5
NE: Freymann, Klaus:

Schutzumschlag Baur + Belli Design München
Lithos eurocrom 4, Villorba
Satz, Druck und Bindung MZ-Verlagsdruckerei GmbH, Memmingen
Printed in Germany 1995
ISBN 3-7667-1155-5

INHALT

EINFÜHRUNG 6

ÜBERSICHTSKARTE 8

ZUM GEBRAUCH DIESES LEXIKONS 9

DEUTSCHLAND 10

ÖSTERREICH 129

SCHWEIZ 136

ÜBERSICHT MUSEUMSSCHIFFE 140

ORTSREGISTER 148

REGISTER DER INSTITUTIONEN 149

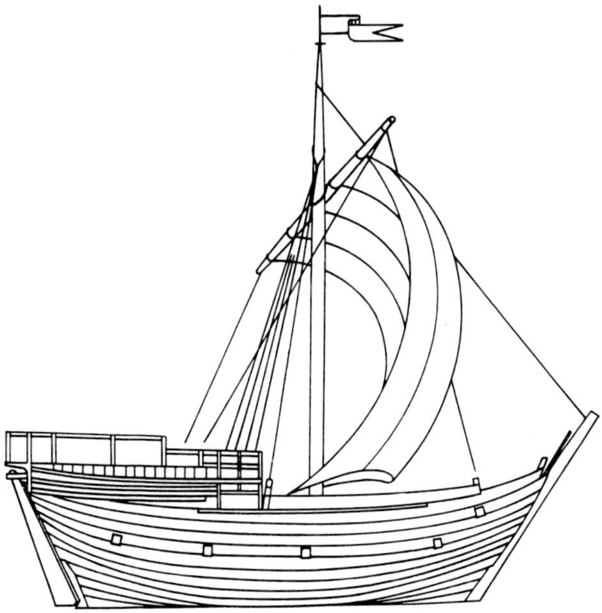

EINFÜHRUNG

Eine ausgeprägte Pflege der Seefahrtstradition, verbunden mit der Bewahrung ihrer Dokumente, ist in Deutschland im Vergleich zur historisch belegbaren Schiffahrt relativ jung. Die meisten der bedeutenderen Sammlungen wurden vor dem Hintergrund der wilhelminischen Flottenpolitik um die Jahrhundertwende gegründet; der Verlauf zweier Kriege, der zweite verheerender als der erste, führte dazu, daß wertvolle Objekte verlorengingen, wie etwa im Falle des 1906 gegründeten Museums für Meereskunde in Berlin oder des gleichzeitig gegründeten Deutschen Museums in München.
Erst in und nach den 60er bis 70er Jahren entstanden zahlreiche Schiffahrtsmuseen neu; so an den Küsten in Kiel, Flensburg, Bremerhaven und auch Rostock, im Binnenland Sammlungen zur Binnenschiffahrt an Elbe, Rhein und Donau. Der Beginn der 90er Jahre brachte noch einmal die Planung zu bedeutenden Erweiterungen der Museen in Bremerhaven und Berlin, aber auch nach der »Wende« eine ungewisse Zukunft und eine schwierige personelle und finanzielle Situation für viele Museen der neuen Bundesländer. Dennoch ist die Fülle der inzwischen entstandenen Institutionen der Hauptgrund, daß der vorgegebene Umfang des Lexikons eine Eingrenzung erforderlich machte, die sich hier mit den politischen Grenzen der deutschsprachigen Länder deckt.

Mit diesem »Reiselexikon« wird der Versuch unternommen, die wichtigsten Museen und Sammlungen in einem Band zusammenfassend darzustellen. Es soll Hilfe und Rat beim Vermittlungsprozeß zwischen dem großen bestehenden Interesse und dem vielfältigen Angebot an Museen und Ausstellungen geben. Eine Sammlung ist heute kein Selbstzweck mehr und erhält erst durch den Besucher Sinn und Daseinsberechtigung; neben das Bewahren ist schon aus finanzieller Notwendigkeit das Ausstellen und weiter das Betreiben von historischen Einrichtungen getreten. Die Aktivität und die Integration des Besuchers in das Museumsgeschehen sind nicht zuletzt eine Erscheinung und Folge der Freizeitgesellschaft geworden, der Name »Reiselexikon« gibt diese neue Mobilität des Besuchers treffend wieder.

Nicht jede aufgeführte Institution rechtfertigt für manchen Benutzer eine weite Reise, sollte aber gleichwohl vom Interessierten beim Passieren nicht aus Unkenntnis versäumt werden. Gerade ein regionales Museum oder Heimatmuseum, das auf der Mitarbeit und dem Erinnerungsvermögen der Anwohner aufbauen kann, birgt häufig eine überraschende Objektfülle und seltene Funde; sie können zudem oft in einer erholsam spontanen und unkomplizierten Art präsentiert werden, hinter der ein zentralisiertes und spektakuläres »Design«-Museum eher verblassen kann.

Es soll deutlich gesagt sein, daß die hier aufgeführte Zusammenstellung ein ganzes Spektrum von Institutionen und Einrichtungen ganz verschiedener Entstehung, Intention und Präsentationsform umfaßt, deren (geographisch gewählte) Anordnung nichts über ihre Vergleichbarkeit aussagt, ebenso wie es kaum möglich oder sinnvoll wäre, hier etwa »Sterne« zu verleihen. Denn der Vielfalt der Museen und Sammlungen steht eine Vielfalt von Besucherinteressen gegenüber, die sich, angefangen beim wissenschaftlichen Anspruch über die Akribie des Modellbauers, der diese nicht minder schätzt, bis zum Engagement des dampfumwehten »Shiplover« erstrecken, der auf dem Museumsschiff zur Kohlenschaufel greift oder in Wochenendarbeit morsche Schiffsrümpfe restauriert.

Stärker noch gelten zunehmende Spontaneität und der Charakter des Erlebnis- und Erfahrungsbereiches für die Spezies »Museumsschiffe«, die sich dem Zugriff der Definition und der Klassifikation, die den Anspruch eines Lexikons ausmacht, leicht entziehen. Museumsschiffe und -häfen erleben heute einen Boom, der mit einer Mode verglichen wird. Hervorgegangen einesteils aus dem präparierten archäologischen Fund, der später auch zum Nachbau reizte, daneben aus dem zum Anschauungs- und Schulunterricht ausgemusterten Original, hat das Museumsschiff im Laufe der Jahre die schützenden Hallen des Museums verlassen und sich in das rauhere Klima des Freigeländes begeben. Oder solch ein Schiff hat, unmittelbarer noch, direkt an der benachbarten Hafenpier festgemacht bzw. ist sogar erneut auf Reise gegangen. Die Bezeichnung oder konkret das Etikett »Museumsschiff« (pragmatisch noch weiter gefaßt, das »Traditionsschiff«) wird oft schnell von der Begeisterung der Betreiber aufgebracht; langwierig und kostspielig aber ist der Weg zum permanent unterhaltenen »beweglichen Kulturdenkmal«. Gleiches gilt für die Museumshäfen, die oft aus privater Initiative gegen viele Widerstände entstanden und mit viel Enthusiasmus betriebenen Versammlungen solcher Museumsschiffe, deren Strukturen manchmal mit denen einer Wohngemeinschaft zu vergleichen sind. Daher sollte der Benutzer dieses Lexikons bei Daten- und Adressenangaben der Liegeplätze bedenken, daß auch Museumsschiffe kommen und gehen; auch und zumindest darin sind sie echte Vertreter der Seefahrt.

Jobst Broelmann
Klaus Freymann

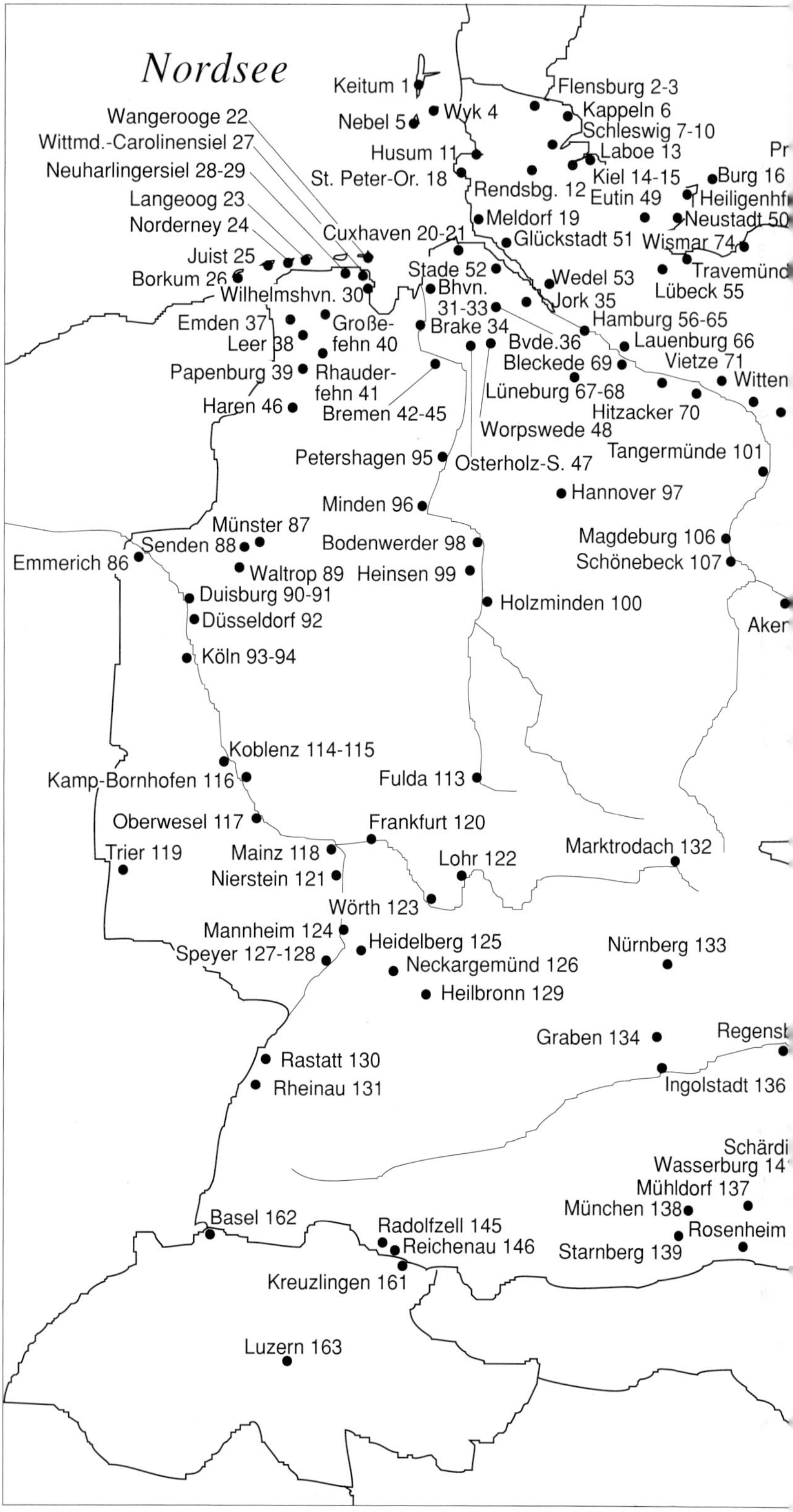
Nordsee
Keitum 1
Flensburg 2-3
Wangerooge 22
Nebel 5
Wyk 4
Kappeln 6
Wittmd.-Carolinensiel 27
Schleswig 7-10
Husum 11
Laboe 13
Neuharlingersiel 28-29
St. Peter-Or. 18
Kiel 14-15
Burg 16
Rendsbg. 12
Eutin 49
Langeoog 23
Meldorf 19
Neustadt 50
Norderney 24
Cuxhaven 20-21
Glückstadt 51
Wismar 74
Juist 25
Borkum 26
Stade 52
Wedel 53
Wilhelmshvn. 30
Bhvn.
31-33
Jork 35
Lübeck 55
Emden 37
Große-
fehn 40
Brake 34
Hamburg 56-65
Leer 38
Bvde.36
Lauenburg 66
Papenburg 39
Rhauder-
fehn 41
Bleckede 69
Vietze 71
Lüneburg 67-68
Haren 46
Bremen 42-45
Hitzacker 70
Worpswede 48
Petershagen 95
Osterholz-S. 47
Tangermünde 101
Hannover 97
Minden 96
Münster 87
Magdeburg 106
Senden 88
Bodenwerder 98
Emmerich 86
Schönebeck 107
Waltrop 89
Heinsen 99
Duisburg 90-91
Holzminden 100
Düsseldorf 92
Köln 93-94
Koblenz 114-115
Kamp-Bornhofen 116
Fulda 113
Oberwesel 117
Frankfurt 120
Marktrodach 132
Trier 119
Mainz 118
Lohr 122
Nierstein 121
Wörth 123
Mannheim 124
Heidelberg 125
Nürnberg 133
Speyer 127-128
Neckargemünd 126
Heilbronn 129
Graben 134
Rastatt 130
Rheinau 131
Ingolstadt 136
Wasserburg 14
Mühldorf 137
München 138
Basel 162
Radolfzell 145
Rosenheim
Reichenau 146
Starnberg 139
Kreuzlingen 161
Luzern 163

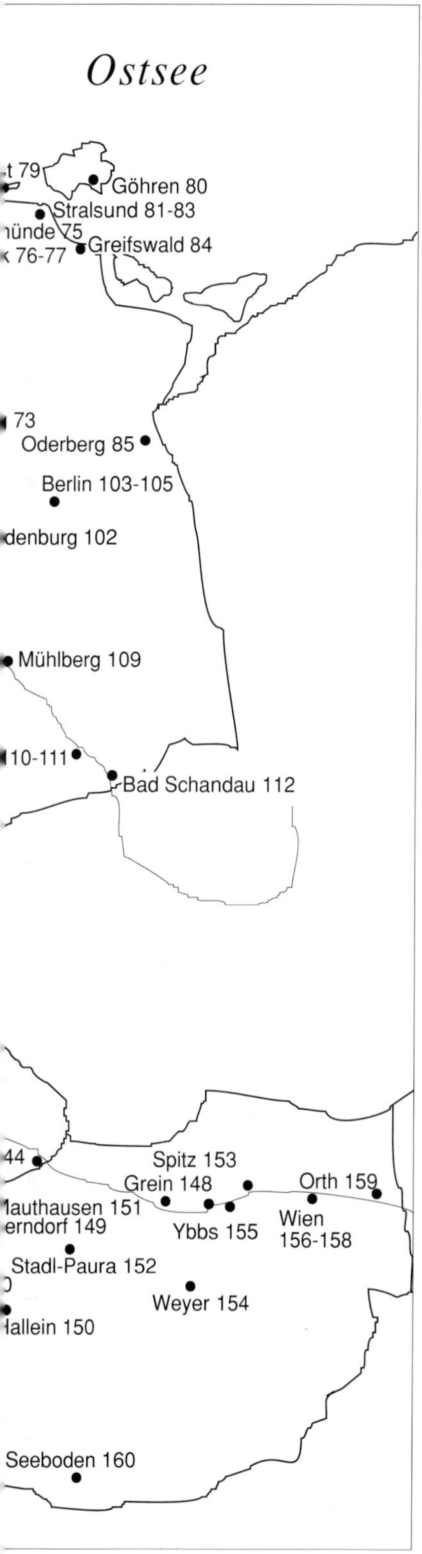

Übersichtskarte der Schiffahrtsmuseen und -sammlungen, Museumsschiffe und -häfen in Deutschland, Österreich und der Schweiz. Die Nummern verweisen auf die Ordnungsnummern im Reiselexikon.

Zum Gebrauch dieses Lexikons

Das Reiselexikon Schiffahrt verzeichnet über 200 Museen, Sammlungen, Museumsschiffe und -häfen. Gegliedert ist der Band nach Ländern, und innerhalb dieser regional von Nord-West nach Süd-Ost. Die Übersichtskarte, ein Ortsregister und eines der Institutionen und der Museumsschiffe helfen beim raschen Auffinden.

Fast alle Institutionen werden durch Angaben wie Lage und Erreichbarkeit und mit ihren Öffnungszeiten vorgestellt. Vor Feiertagen sowie am Anfang und Ende der Saison empfiehlt es sich, die speziellen Öffnungszeiten vor einem Besuch telefonisch zu erfragen. Bei Museumshäfen, die von Vereinen betrieben werden, deren meist durch private, ehrenamtliche Mitarbeiter repräsentierte Ansprechstelle innerhalb der Hafengemeinschaft häufiger wechselt, sollte, besonders für Sonderveranstaltungen und Buchungen von Schiffen für Sonderfahrten, auch der örtliche Fremdenverkehrsverein gefragt werden. In der Übersicht der Museumsschiffe ist der augenblickliche Eigner sowie der Standort angegeben, dieser kann sich bei noch in Fahrt befindlichen Schiffen naturgemäß ändern.

Schiffsnamen sind kursiv gedruckt (außer in Überschriften), in den Bildunterschriften stehen sie in Anführungszeichen.

DEUTSCHLAND

1 Sylter Heimatmuseum

Anschrift und Auskunft: Am Kliff 19, D-25980 Keitum/Sylt
Telefon: (04651) 31669
Fax: (04651) 32884
Öffnungszeiten: April bis Oktober: täglich 10-17 Uhr; November bis März: Donnerstag bis Samstag 13-16 Uhr
Lage und Erreichbarkeit: im historischen Ortskern Keitums, das per Bahn und Bus erreichbar ist: Besuche per Pkw vermeiden, da keine Parkmöglichkeit

Die Söl'ring Foriining (friesisch für Sylter Verein) wurde 1906 gegründet und eröffnete zwei Museen; das Heimatmuseum enthält zahlreiche Schiffsmodelle, nautische Instrumente und Seekarten.
(Farbige Abbildung siehe Seite 65)

2 Schiffahrtsmuseum Flensburg

Anschrift und Auskunft: Schiffbrücke 39, D-24939 Flensburg
Telefon: (0461) 852970
Öffnungszeiten: Dienstag bis Samstag 10-17 Uhr, Sonntag 10-13 Uhr
Lage und Erreichbarkeit: am Hafen in der Nähe der Dampferanlegebrücke, Bus 1 und 2 ab Hauptbahnhof;
Anfahrt: BAB 7 Hamburg–Flensburg, letzte Abfahrt vor der Grenze, dann B 199 Richtung Zentrum

Präsenzbibliothek und Fotothek sind im Aufbau; Museumspädagogisches Angebot für Schulen.

Das historische Gebäude diente seit 1842 als Zollspeicher, wurde dann unter Denkmalschutz gestellt und seit 1984 als Museum genutzt. Die Ausstellung enthält zahlreiche Schiffsbilder, Modelle und Dioramen, Galionsfiguren der Segelschifffahrt und des Walfangs, und zeigt die Entwicklung der Dampfschiffahrt und des Flensburger Schiffbaus. Außerdem ist noch ein spezielles »Rum-Museum« zu besichtigen. Am Ufer vor dem Museum der Nachbau eines historischen Hafenkranes von 1726 und der

Museumshafen Flensburg e. V.

Anschrift und Auskunft: Herrenstall 11, D-24939 Flensburg
Öffnungszeiten: Besichtigung des Hafens jederzeit, Dokumentation der Schiffe auf Schautafeln; Schiffsfahrten oder Besichtigungen an Bord sowie Archiv nach Vereinbarung

Der 1979 gegründete Museumshafenverein widmet sich der Erhaltung der Schiffe aus Flensburg und den benachbarten Bereichen der Ostsee und unterhält etwa 10 Schiffe. Eine besondere Aktion ist die »Rumregatta« im Mai, eine der größten Regatten historischer Arbeitsschiffe in Nordeuropa.

Ansicht des Museumshafens von Flensburg; Träger ist die »Vereinigung zur Wiederherstellung und Erhaltung traditioneller Segelschiffe und anderer historischer Wasserfahrzeuge« (2)

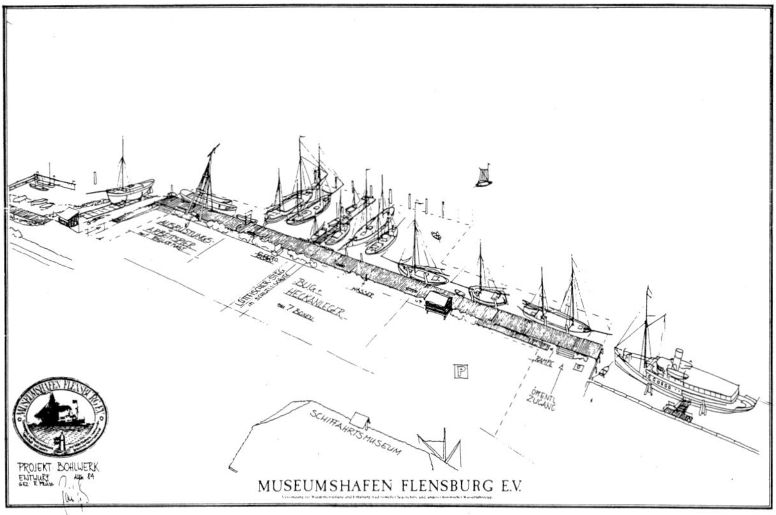

Schiffahrtsmuseum Flensburg: Beim Salondampfer »Alexandra« handelt es sich um den letzten seegehenden Passagierdampfer in Deutschland (2)

3 Marineschule Mürwik – Wehrgeschichtliches Ausbildungszentrum –

Anschrift und Auskunft: Kelmstraße 14, D-24944 Flensburg
Telefon: (0461) 317-2733
Öffnungszeiten: Sonntag 13-16 Uhr, Dienstag 17-20 Uhr
Lage und Erreichbarkeit: Stadtbus ab Flensburg nach Mürwik, Haltestelle Osterallee;
mit dem Pkw nach Mürwik, Kelmstraße, Parkplatz auf dem Gelände

Bibliothek, getrennt von der Sammlung, in der Marineschule: Montag bis Donnerstag 7.30-16 Uhr, Freitag 7.30-12 Uhr
Telefon: (0461) 317-2414

Die beachtliche Sammlung des wehrgeschichtlichen Ausbildungszentrums, einer Institution der Bundesmarine, entstand seit 1956 in erster Linie durch Sachspenden ehemaliger Marineangehöriger. Sie zeigt die Entstehung und Geschichte der deutschen Marine anhand von Uniformen, Orden und Ehrenzeichen, Waffen, Schiffsmodellen, Fotos, Gemälden und Grafiken.

4 Dr.-Haeberlin-Friesen-Museum

Anschrift und Auskunft: Rebbelstieg, D-25938 Wyk, Föhr
Telefon: (04681) 2571
Öffnungszeiten: März bis Oktober: Dienstag bis Sonntag 10-17 Uhr; November bis Februar: Dienstag bis Sonntag 14-17 Uhr
Lage und Erreichbarkeit: Gehweg vom Hafen Wyk, 15 Minuten

Bibliothek mit Spezialliteratur Nordfriesland und Föhr nach Vereinbarung

Das Museum wurde 1902 von Dr. Haeberlin als Sammlung des Naturwissenschaftlich-Historischen Vereins gegründet. Der Museumsbau wurde mehrfach erweitert und enthält reichhaltiges Material zur Geschichte der Föhringer Seefahrt und zum Walfang, Schiffsbilder und Modelle.

5 Amrumer Heimatmuseum, Nebel

Anschrift und Auskunft: D-25946 Nebel/Amrum
Telefon: (04682) 2289 (Pastorat)
Öffnungszeiten: Montag bis Mittwoch 10-12 Uhr, Donnerstag bis Sonntag 15-18 Uhr
Lage und Erreichbarkeit: an der Hauptstraße der Insel in Nebel

In den Lagerräumen einer Erdholländer-Windmühle aus dem 18. Jahrhundert zeigt das Amrumer Museum auch eine kleine Schiffahrtsabteilung.

6 Schlei-Museum Kappeln

Anschrift und Auskunft: Mittelstraße 7, D-24376 Kappeln
Telefon: (04642) 1428 oder 82861
Öffnungszeiten: 16. März bis 31. Oktober: Mittwoch, Freitag, Samstag 14-17 Uhr; Gruppen sowie Führungen vom 1. November bis 15. März nach tel. Absprache
Lage und Erreichbarkeit: im Ortszentrum Kappeln

Aus privater Initiative entstandene reichhaltige Sammlung von historischen Objekten aus der Schiffahrt der Schlei-Region; im Sommer Veranstaltungen zusammen mit einer örtlichen Museumsbahn (Kappeln-Süderbrarup) und dem

Museumshafen Kappeln
in der Nähe des Badestrandes
Telefon: (04642) 2593

Segelschiffe im Museumshafen von Kappeln (6)

7 Archäologisches Landesmuseum der Christian-Albrechts-Universität

Anschrift und Auskunft: Schloß Gottorf, D-24837 Schleswig
Telefon: (04621) 813-300
Fax: (04621) 813-535
Öffnungszeiten: März bis Oktober: täglich 9-17 Uhr; November bis Februar: 9.30-16 Uhr (montags geschlossen); am 24., 25., 31. Dezember sowie am 1. Januar geschlossen
Lage und Erreichbarkeit: Autobahn A 7 Hamburg–Flensburg, Ausfahrt Schleswig/Jagel, dann auf der B 76 bis Schleswig-Mitte

Im Schloß Gottorf befindet sich das Archäologische Landesmuseum, 1836 gegründet und eines der größten archäologischen Museen Deutschlands. Zu den bedeutendsten Funden gehört das Nydamschiff aus dem 4. Jahrhundert n. Chr. In den neugestalteten Ausstellungsräumen veranschaulichen Inszenierungen Landschaft und Wohnplätze steinzeitlicher Jäger und Sammler (siehe Abbildung S. 14).

8 Wikinger Museum Haithabu

Dependance des Archäologischen Landesmuseums

Anschrift und Auskunft: Schloß Gottorf, D-24837 Schleswig (das Ausstellungsgelände selbst liegt südöstlich der Stadt!)
Telefon: (04621) 813-300
Fax: (04621) 813-535
Öffnungszeiten: April bis Oktober: täglich 9-17 Uhr; November bis März: Dienstag bis Freitag 9-17 Uhr, Samstag und Sonntag 10-18 Uhr; am 24. und 25. Dezember sowie am 1. Januar geschlossen.

Archäologisches Landesmuseum, Schleswig: Nydamschiff aus dem 4. Jahrhundert n. Chr. (7)

Blick auf das Gelände des Wikinger Museums Haithabu (8)

Lage und Erreichbarkeit: ab Bahnhof Schleswig mit dem städtischen Bus;
Autobahn A 7 Hamburg–Flensburg, Ausfahrt Schleswig/Jagel, dann auf der B 76 bis Schleswig-Süd; im Sommer verkehrt ein Motorschiff regelmäßig zwischen dem Hafen Schleswigs (südl. des Doms) und dem Ausstellungsgelände.

Das Wikinger Museum Haithabu befindet sich in unmittelbarer Nähe der ältesten stadtähnlichen Siedlung Nordeuropas. Die Ausstellung präsentiert die Ergebnisse der langjährigen archäologischen Untersuchungen. In der Schiffshalle wird ein wikingerzeitliches Langschiff wiederaufgebaut. Filme über die Welt der Wikinger und die Ausgrabungen in Haithabu werden in mehreren Sprachen vorgeführt.
(Farbige Abbildung siehe Seite 67)

9 Städtisches Museum Schleswig

Anschrift und Auskunft: Friedrichstraße 9-11, D-24837 Schleswig
Telefon: (04621) 936820
Öffnungszeiten: täglich außer Montag 10-17 Uhr
Lage und Erreichbarkeit: Stadtbus ab Bahnhof Schleswig;
mit dem Pkw BAB A 7, Abfahrt Schleswig Schuby, B 76 bis Schleswig-Mitte

Im Haupthaus zeigt das Städtische Museum Objekte, Pläne, Fotos, Dokumente sowie einen Film zur Geschichte der Fischersiedlung Holm, Modelle von Fischerkähnen sowie Geräte und Kleidung der Fischer.

10 Städtisches Museum Schleswig-Holm

Anschrift und Auskunft: Dependance Holm-Museum, Süderholmstraße 2, D-24837 Schleswig
Telefon: (04621) 936820 oder (04621) 21337
Öffnungszeiten: Mai bis Oktober täglich 8-21 Uhr; November bis April täglich 8-20 Uhr
Lage und Erreichbarkeit: der Beschilderung zum Holm folgen

Der Holm – die Bezeichnung, dänischen Ursprungs, bedeutet »von Wasser umgeben« – war bis 1935 eine Insel, was zur eigen- und einzigartigen Lebenswelt ihrer Fischerquartiere beitrug. Das Holm-Museum wurde 1992 als Dependance des städtischen Museums eingerichtet und zeigt im Wechsel jeweils 40 Fotos aus der Holm-Dokumentation des Fotografen Ulrich Mack.

Städtisches Museum von Schleswig: Außenansicht des Haupthauses, das etwa 1634 errichtet wurde (9)

11 Schiffahrtsmuseum Husum
Nordfriesland e. V.

Anschrift und Auskunft: Am Zingel 15, D-25813 Husum
Telefon: (04841) 5257
Öffnungszeiten: Ostern bis 30. Oktober 10-17 Uhr; im Winter geschlossen
Lage und Erreichbarkeit: gegenüber vom neuen Rathaus

Das neu eingerichtete Schiffahrtsmuseum Husum zeigt Objekte, Werkzeuge und Schiffsmodelle des Holz- und Stahlschiffbaus und zur Fischerei der Region, die in anschaulichen Szenarien angeordnet sind.

12 Museen im Kulturzentrum Rendsburg

Anschrift und Auskunft: Arsenalstraße 2-10, D-24768 Rendsburg
Telefon: (04331) 206632
Fax: (04331) 55504
Öffnungszeiten: Dienstag bis Freitag 10-12 und 15-18 Uhr, Samstag und Sonntag 10-13 und 14-17 Uhr, Montag geschlossen; Bibliothek- und Archivbenutzung nach Anmeldung
Lage und Erreichbarkeit: mit Pkw auf der BAB A 7, Abfahrt Rendsburg, den Schildern »Paradeplatz/Kulturzentrum« folgen

Die Sammlung, entstanden in über 80jähriger Arbeit des Museumsvereins, konzentriert sich mit Schiffsmodellen, Objekten und Grafiken auf die Schiffahrtsgeschichte Rendsburgs am Nord-Ostsee-Kanal.

Schiffahrtsmuseum Husum: Heck einer Eiderschnigge im Bauzustand (11)

13 Marine-Ehrenmal Laboe und U 995

Anschrift und Auskunft: Deutscher Marinebund e. V., Marine-Ehrenmal Laboe, Strandstraße 92, Postfach 40, D-24233 Ostseebad Laboe
Telefon: (04343) 8755-56
Fax: (04343) 8254
Öffnungszeiten Ehrenmal: November bis Februar täglich 9.30-16 Uhr; März und Oktober täglich 9.30-17 Uhr; April bis September täglich 9-18 Uhr
Öffnungszeiten U 995: November bis Februar täglich 9.30-16 Uhr; März und Oktober täglich 9.30-17 Uhr; April, Mai und September täglich 9.30-18 Uhr; Juni bis August täglich 9-18 Uhr
Lage und Erreichbarkeit: mit Pkw ab Kiel B 502 Richtung Schönberg/Laboe;
mit dem Schiff ab Kiel;
mit Bus Linie 54

Ein Archiv für Seefahrts- und Seekriegsgeschichte steht nach Vereinbarung zur Verfügung; Schrifttum und ein Führer an der Kasse.

Das 85 m hohe Marine-Ehrenmal wurde Anfang der 30er Jahre auf dem Areal eines nach dem Versailler Vertrag gesprengten Panzerturmes gebaut und 1936 eingeweiht. Galt es ursprünglich den Gefallenen der Kaiserlichen Marine, wurde es nach Übernahme durch den Deutschen Marinebund 1954 zum Denkmal für die umgekommenen Seeleute aller Nationen. Die Historische Halle und ein spezieller U-Boot-Raum enthalten zahlreiche Schiffsmodelle. Das 1972 aufgestellte Unterseeboot *U 995* des Typs VII C ist als Technik-Museum eingerichtet.
(Farbige Abbildung siehe Seite 66)

Marine-Ehrenmal Laboe: Unterseeboot »U 995« vom Typ VII C (13)

14 Kieler Schiffahrtsmuseum mit Museumshafen

Anschrift und Auskunft: Wall 65, D-24103 Kiel
Telefon: (0431) 901-3428
Fax: (0431) 901-978909
Öffnungszeiten: Sommer: 15. April-14. Oktober: täglich 10-18 Uhr; Winter: 15. Oktober-14. April: Dienstag-Sonntag 10-17 Uhr; Museumsbrücke geschlossen
Lage und Erreichbarkeit: Fördeschiffahrt Anlegestelle Seegarten; Buslinien 1, 2, 12, 40, 6/16, Museum, teilweise behindertengerecht

Das 1909 als Fischauktionshalle errichtete Backsteingebäude wurde nach dem 2. Weltkrieg unter Denkmalschutz gestellt und 1978 als Schiffahrtsmuseum eröffnet. Es enthält Objekte zur Geschichte der Kieler Schiffahrt, zur Schiffsbaugeschichte und zu Erfindungen, die in Kiel entwickelt wurden, wie dem Kreiselkompaß von Anschütz und dem Echolot von Behm. An der Museumsbrücke liegen der dampfbetriebene Tonnenleger *Bussard*, 1905, der Seenotrettungskreuzer *Hindenburg*, 1944, und das Feuerlöschboot *Kiel*, 1941; daneben der Nachbau der *historischen Hansekogge* (Förderverein Historische Kogge, Tel. 5194294.

15 Schwimmende Museen Kiel e.V.

Anschrift und Auskunft:
Yorckstraße 5, D-24105 Kiel
Telefon: (0431) 83723
Öffnungszeiten: nach Vereinbarung

Der Verein wurde 1989 mit dem Ziel gegründet, einen Museumshafen für Kiel als »Wiege des deutschen Segelsports« zu errichten. Sammlungsschwerpunkte sind Boote und Yachten; vorhanden sind Objekte seit der Jahrhundertwende. Auf verschiedenen Schiffen besteht Mitfahrmöglichkeit. Jährlich im August wird ein Treffen »klassischer« Yachten an der Kieler Förde veranstaltet.

16 Heimatmuseum der Insel Fehmarn

Anschrift und Auskunft: Breite Straße 49-51, D-23769 Burg
Telefon: (04371) 9627 (Herr Maas)
Öffnungszeiten: Juni-September täglich außer sonntags 11-17 Uhr; im Winter geschlossen oder nach Vereinbarung geöffnet
Lage und Erreichbarkeit: neben St. Nikolai

Das Museum ist in zwei 1655 errichteten Fachwerkhäusern bei der Kirche untergebracht. Es widmet sich der Inselgeschichte, der Fischerei und der Seefahrt; gezeigt wird neben anderen ein Modell des Segelschulschiffes *Niobe.*

Kieler Schiffahrtsmuseum: Der Tonnenleger »Bussard«, von 1905, wurde Ende 1979 außer Dienst gestellt; er war das letzte noch fahrende kohlebefeuerte und dampfbetriebene Seeschiff der Bundesrepublik (14)

Foto von der IV. Internationalen Veteranenregatta vor Laboe 1992; auf dem Bild erkennt man von links: »Peter von Seestermühe«, Bermuda-Yawl, 1936; »Ostwind«, 12-m-R-Yacht, 1939; »Anna-Luisa«, Gaffel-Yawl, 1926 (15)

17 Heimatmuseum Heiligenhafen

Anschrift und Auskunft: Thulboden 11a, D-23774 Heiligenhafen
Telefon: (04362) 3876
Öffnungszeiten: April bis Oktober: Dienstag und Donnerstag 10-12 und 14-17 Uhr, Mittwoch und Freitag 10-12 Uhr, Samstag 10-13 Uhr, Sonntag 14-17 Uhr
Lage und Erreichbarkeit: mit dem Pkw über BAB 1, die E 47 (B207), »Vogelfluglinie«

In einem historischen Gebäude 1992 neu eröffnet, zeigt das Heimatmuseum Schiffsmodelle und Schiffsporträts zur Seefahrtsgeschichte, zum Schiffsbau und zur Fischerei. Besondere Attraktion ist ein Modell des Fünfmastvollschiffes *Preussen*, das vom Heiligenhafener Kapitän Nissen befehligt wurde.

18 Eiderstedter Heimatmuseum, St. Peter-Ording

Anschrift und Auskunft: Olsdorfer Straße 6, D-25826 St. Peter-Ording
Telefon: (04863) 1416
Öffnungszeiten: April bis September: Dienstag bis Samstag 10-12 und 15-17 Uhr, Sonntag 10-12 Uhr; im Winterhalbjahr ist ebenfalls Dienstag bis Sonntag geöffnet, jedoch ist eine telefonische Anfrage über die Öffnungszeit nötig
Lage und Erreichbarkeit: DB-Bahnhof St. Peter-Ording, das Museum liegt wenige Minuten vom Bahnhof an der Kirche in St. Peter (Dorf); mit Pkw von Husum oder Rendsburg über Bundesstraße 5 bzw. 202 nach St. Peter-Ording

In Tönning wurde 1903 der Grundstein für die heutige Ausstellung gelegt. 1951 zog das Museum um nach

St. Peter und präsentiert sich heute in einem renovierten Bauernhaus aus dem 18. Jahrhundert. Neben landeskundlichen und geschichtlichen Ausstellungen widmet sich das Museum auch der Schiffahrt und der Fischerei. Auch die Entwicklung des Tönninger Hafens wird dargestellt.

19 Dithmarscher Landesmuseum

Anschrift und Auskunft: Bütjestraße 2-4, D-25704 Meldorf
Telefon: (04832) 7252
Öffnungszeiten: Dienstag bis Freitag 9-16.30 Uhr, Samstag, Sonntag 11-16 Uhr; November bis Februar: Dienstag bis Samstag 9-16 Uhr, Montag geschlossen
Lage und Erreichbarkeit: Parkplatz am Museum, vom Bahnhof etwa 10 Minuten Fußweg

Themen der Schiffahrtsabteilung des 1872 gegründeten Landesmuseums sind die Küstenschiffahrt und die Fischerei; zentrales Objekt ist der Rest eines Seglers, der um 1717 strandete und 1969 im Hedwigenkoog geborgen wurde.

20 Stadtmuseum Cuxhaven

Anschrift und Auskunft: Süündersteinstraße 38, D-27472 Cuxhaven
Telefon: (04721) 62822
Öffnungszeiten: Montag bis Freitag 9.30-13 und 15-18 Uhr, Samstag 9.30-13 Uhr
Lage und Erreichbarkeit: DB-Bahnhof Cuxhaven;
mit Pkw Autobahn A 27, Ausfahrt Cuxhaven, oder Bundesstraße 73 aus Richtung Stade

Wissenswertes über Cuxhaven mit seinen Schiffahrtseinrichtungen und Hafenanlagen vermittelt das Stadtmuseum im »Reyeschen Haus«. Fischerei, Entwicklung und Aufgaben des Wasser- und Schiffahrtsamtes und des Hafenamtes, Lotsenwesen und die Marine sind nur einige der Themenbereiche, die auch »Landratten« einen Einblick in die Küsten- und Hochseeschiffahrt geben.

Dithmarscher Landesmuseum: Modell einer Schiffszimmerei (19)

Im Wrackmuseum Cuxhaven finden sich Spuren und Überbleibsel verschiedener Schiffskatastrophen (21)

21 **Wrackmuseum Cuxhaven**

Anschrift und Auskunft: Dorfstraße 80, D-27476 Cuxhaven
Telefon: (04721) 23341
Öffnungszeiten: März bis November: Dienstag bis Freitag 9-13 Uhr und 15-18 Uhr, Samstag, Sonntag und an Feiertagen 10-13 Uhr und 15-18 Uhr
Lage und Erreichbarkeit: DB-Bahnhof Cuxhaven;
mit Pkw Autobahn A 27, Ausfahrt Cuxhaven, oder Bundesstraße 73 aus Richtung Stade

Daß Wracks nicht nur Schrott bieten, zeigt das 1980 eröffnete außergewöhnliche Museum. Ausgestellt und erläutert bieten Schiffs- und Maschinenteile und alltägliche Gegenstände des Inventars von verunglückten Schiffen einen Eindruck verschiedener Schiffskatastrophen. Im Freigelände können u.a. Wrackteile des Schoners *Albertus*, ein 2-Mann-U-Boot vom Typ Seehund und das Wrack des Fischewers *Wilhelmine* besichtigt werden. Das Museum berichtet aber auch über die Entwicklung der Bergungstechnik, des Seenotrettungswesens und der verschiedenen Einrichtungen zur Sicherung der Schiffahrt (siehe auch Abbildungen Seite 22 und 138).

22 **Inselmuseum Wangerooge**

Anschrift und Auskunft: Zideliusstraße 3, D-26486 Wangerooge
Telefon: (04469) 8965
Öffnungszeiten: März bis Oktober: täglich 10-12 und 15-17 Uhr
Lage und Erreichbarkeit: Bundesstraße 461 von Wittmund, Fähre ab Carolinensiel

Im Alten Leuchtturm aus dem Jahre 1856 zeigt das Inselmuseum seit 1980 die Entwicklung der Nordseeinsel und auch die Bedeutung der Schifffahrt.

Der Auszug aus einer Verordnung über Bergung von Schiffszubehör (1846) gibt Auskunft über die Bürokratie vergangener Tage (21)

Reglement
in Betreff
der Bergung von Ankern, Ketten, Taue und Zubehör.

Um für die Zukunft alle Streitigkeiten und Ungewißheit über die Vergütung, welche für Bergung von Ankern, Ketten, Tauen und Anker-Zubehör zu geben ist, abzuschneiden wird Folgendes von Obrigkeitswegen in dieser Beziehung angeordnet.

§. 1.

Wenn ein Schiff auf hiesiger Rhede einen Anker stehen läßt, und das Schiff hieselbst bleibt; so hat Niemand das Recht während der ersten 24 Stunden nach dem Stehen lassen die Boje anzufassen; es sei denn, daß der Capitain des betreffenden Schiffes den Auftrag dazu ertheilt haben sollte.

§. 2.

Würde dennoch während der im §. 1 gedachten 24 Stunden Jemand einen solchen Anker aufnehmen, oder sollte gar Jemand sich unterfangen die Boje abzureißen oder abzuschneiden; so soll im erstern Falle es lediglich im Willen des Capitains stehen, ob er etwas und wie viel er für das Aufnehmen des Ankers vergüten will; im letztern Falle aber soll die Sache zur Untersuchung verwiesen und das Vergehen eventualiter criminaliter bestraft werden.

§. 3.

Jeder hiesige Schiffer ist nach wie vor verpflichtet die von ihm geborgenen Anker, Ketten, Taue und Anker-Zubehör ungesäumt bei der Cuxhavener Hafenwache abzuliefern und davon im Actuariate innerhalb 24 Stunden Anzeige zu machen.

§. 4.

Um für die Größe des zu gebenden Berglohns einen angemessnen Maaßstab zu haben, soll jedes Mal der Werth der geborgnen Anker, Ketten, Taue und des Zubehörs nach dem Gewichte und einer bestimmten Taxe ermittelt, davon bei Ankern, Ketten und ganzen Tauen 20 Procent alt für neu abgesetzt, und mit Berücksichtigung der Entfernung der Berglohn folgender Maßen festgestellt werden.

a) von der Station des äussern Signalschiffes bis zur Böschtonne K ein Drittheil.

b) diesseits der Tonne K und die Elbe aufwärts bis zur Bösch ein Viertheil des wie vorstehend ermittelten Werths. Gegen Erlegung dieses Berglohns ist der Capitain, Eigenthümer oder deren gehörig legitimirter Bevollmächtigter befugt das Geborgne zurückzunehmen.

23 Schiffahrtsmuseum Nordseeheilbad Langeoog

Anschrift und Auskunft: Im Kurzentrum, D-26465 Langeoog
Telefon: (04972) 69363
Öffnungszeiten: Montag bis Freitag 10-12 und 14-17 Uhr, Samstag 10-12 Uhr
Lage und Erreichbarkeit: im Kurzentrum der Insel

Das 1981 gegründete Museum widmet sich der Küsten- und Seeschiffahrt. Modelle, Pläne von Schiffen, Schiffszubehör und Bilder erzählen aber auch von der Geschichte der Inselschiffahrt.

Rettungsbootsschuppen und Ruderrettungsboot »Fürst Bismarck«, Norderney (24)

24 Rettungsbootsschuppen der ehemaligen Rettungsstation »Norderney-West«

Anschrift und Auskunft: Am Weststrand 5, D-26548 Norderney; Deutsche Gesellschaft zur Rettung Schiffbrüchiger, Ortsvertretung Norderney, Postfach 1219, D-26534 Norderney
Telefon: (04932) 601
Öffnungszeiten: während der Sommersaison unregelmäßig an Wochenenden geöffnet (Betreuung durch ehrenamtliche Helfer)
Lage und Erreichbarkeit: an der Weststrandpromenade

Der Rettungsbootsschuppen stammt aus der Gründerzeit der Norderneyer Station 1865; er diente seit 1893 zur Aufnahme des Ruderrettungsbootes *Fürst Bismarck*, das bis 1927 im Einsatz war und nun mit seiner ursprünglichen Ausrüstung und weiterem Gerät gezeigt wird.

25 Küstenmuseum Juist

Anschrift und Auskunft: D-26571 Nordseebad Juist
Telefon: (nicht angegeben)
Öffnungszeiten: Montag bis Freitag 9-12 und 14.30-18 Uhr, Samstag 9-12 Uhr; Sondervereinbarungen möglich
Lage und Erreichbarkeit: mit dem Schiff oder mit dem Lufttaxi Norddeich-Juist

Das Küstenmuseum wurde 1934 als Heimatmuseum gegründet und wird seit 1980 als museumspädagogisch gestaltete Bildungseinrichtung betrieben. Die Schiffahrt ist mit Modellen von friesischen Plattbodenschiffen vertreten, dargestellt werden ferner die Fischerei, die Geschichte des Seezeichen- und des Rettungswesens.
(Farbige Abbildung siehe Seite 68)

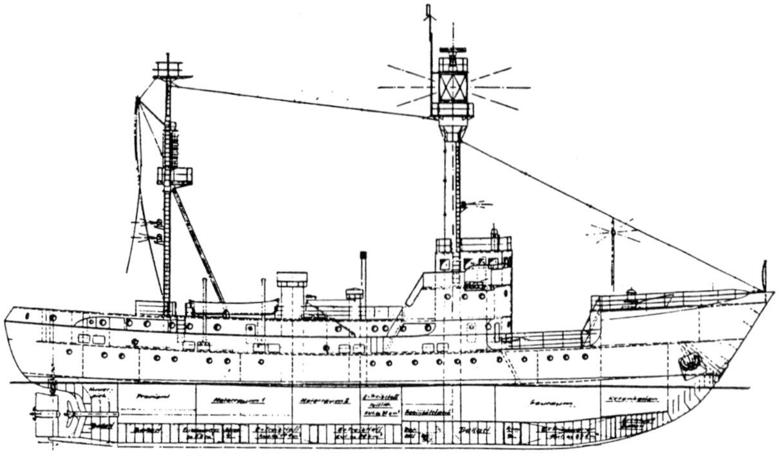

Ansicht des Feuerschiffes »Borkumriff«, das seine Probefahrt am 17. März 1956 erlebte (26)

26 Heimat-Museum Borkum

Anschrift und Auskunft: Roeloff-Gernitz-Meyer-Straße, D-26757 Borkum
Telefon: (04922) 4860 oder 2855
Öffnungszeiten: täglich 10-12 Uhr, Dienstag bis Freitag zusätzlich 15-18 Uhr
Lage und Erreichbarkeit: zu erreichen mit der Fähre von Emden

Die Geschichte der Insel und ihrer Bewohner steht im Vordergrund des Borkumer Museums. Dazu gehört auch die Schiffahrt: Schiffsmodelle, aber auch Ladungsteile und Ausrüstungsgegenstände gestrandeter Schiffe werden gezeigt.

Im Borkumer Schutzhafen liegt als technisches Kulturdenkmal das

Feuerschiff Borkumriff

das für Ausstellungen zur Technikgeschichte der Feuerschiffe, des Küstenfunks und auch des Wattenmeerschutzes ausgebaut wurde.
Anschrift und Auskunft: Förderverein Feuerschiff Borkumriff e.V., Deichstraße 19a, D-26757 Borkum

27 Sielhafenmuseum Carolinensiel der niedersächsischen Nordseeküste

Anschrift und Auskunft: Pumphusen 3, D-26409 Wittmund-Carolinensiel
Telefon: (04464) 456
Fax: (04464) 8344
Öffnungszeiten: Anfang März bis Mitte November: täglich 10-18 Uhr
Lage und Erreichbarkeit: Busverkehr vom DB-Bahnhof Jever;
mit Pkw Bundesstraße 461 von Wittmund

Rund um den Alten Hafen entsteht das Sielhafenmuseum Carolinensiel. Zu dieser Anlage gehören neben dem Museumshafen mit den schwimmenden Oldtimern drei historische Gebäude. Im »Groot Hus«, einem Kornspeicher von 1840, sind die umfangreichen Sammlungsbestände des Sielhafenmuseums zu Deich- und Sielbau, Schiffahrtsgeschichte, Fischerei und Handwerk ausgestellt. Im Zuge der Umgestaltung wird in der »Alten Pastorei« die Dauerausstellung Schiffbau und Handwerk errichtet. Im »Kapitänshaus« werden unter dem Titel »Leben an Land« Aspekte der Lebensweise in einem Sielhafenort gezeigt. Von Carolinensiel führt ein die historische Entwicklung erläuternder Museumsweg zum nahegelegenen Harlesiel. Auf der Harle verkehrt auf gleicher Strecke die Museumsfähre *Marie van't Siel.*

ben etwa 100 Flaschenschiffen werden auch Schiffsporträts, Halbmodelle und seemännische Handarbeiten – »Fancywork« – gezeigt.
(Farbige Abbildung siehe Seite 69)

28 Buddelschiff-Museum

Anschrift und Auskunft: Am Hafen – Westseite 7, D-26427 Neuharlingersiel
Telefon: (04974) 224
Öffnungszeiten: täglich 10-13 Uhr und 14.30-18 Uhr, Dienstag geschlossen
Lage und Erreichbarkeit: mit dem Pkw an der Küstenstraße Wilhelmshaven-Norddeich;
Busverbindung von Nachbarorten.

Das Museum zur originellen Kunst des Flaschenschiffbaus entstand 1971 aus einer Privatsammlung; ne-

29 Rettungsschuppen-Museum der DGzRS Neuharlingersiel

Anschrift und Auskunft: Heinrich-Steffens-Station, Am Hafen, D-26427 Neuharlingersiel
Telefon: (04974) 430
Öffnungszeiten: auf Anfrage/nach Bedarf
Lage und Erreichbarkeit: Bus und Pkw, Hafenparkplatz

Neben dem Original des Motorrettungsbootes *Ulrich Steffens* werden weitere Exponate und Modelle aus der Geschichte der Rettungsstation Neuharlingersiel gezeigt.

Darf im Buddelschiff-Museum nicht fehlen: die Darstellung vom Untergang der »Titanic« (28)

30 Küsten-Museum der Stadt Wilhelmshaven

Anschrift und Auskunft: Rathausplatz 10, D-26382 Wilhelmshaven
Telefon: (04421) 161460
Öffnungszeiten: Dienstag bis Freitag, Sonntag 10-13 und 14-17 Uhr, Samstag 10-13 Uhr; im Juli und August auch an Montagen geöffnet
Lage und Erreichbarkeit: City-Haus am Rathausplatz

Zwei frühere Museen bilden die Grundlage des heutigen Küsten-Museums: das Rüstringer Heimatmuseum, eine volkskundliche Sammlung, und das Marine- und Kolonialmuseum. Nach schweren Kriegsverlusten entstand 1951 der Vorläufer des heutigen »Küsten-Museums«, das 1972 in einem neu errichteten Gebäude im Zentrum Wilhelmshavens eröffnet wurde.
Thema des Küsten-Museums bildet im wesentlichen das Jadegebiet: Landschafts- und Kulturgeschichte des Küstengebietes werden erläutert. Zum Thema Schiffahrt informiert das Museum über den Bau von Schiffen und typische Schiffsmodelle, insbesondere auch von historischen Kriegsschiffen.

31 Morgenstern-Museum Historisches Museum für Bremerhaven und Umgebung

Anschrift und Auskunft: An der Geeste, D-27570 Bremerhaven
Telefon: (0471) 20138
Fax: (0471) 5902700
Öffnungszeiten: Dienstag bis Sonntag 10-18 Uhr
Lage und Erreichbarkeit: Busse 5, 6 und 8 ab Hauptbahnhof, Haltestelle Borriesstraße;
mit dem Pkw Autobahnabfahrt Bremerhaven-Mitte oder -Geestemünde, dann der Beschilderung folgen, Parkplätze vor dem Eingang

Das 1896 vom Heimatbund der »Männer vom Morgenstern« gegründete Museum bezog 1991 mit seiner erweiterten Sammlung einen speziell in Entwurf und Situation auf die Stadtgeschichte abgestimmten Neubau, in dem Objekte und Schiffsmodelle zur Geschichte Bremerhavens, zur Hochseefischerei, zu den Überseehäfen und den Werften Bremerhavens ausgestellt sind. Szenarien zeigen u.a. eine Böttcherwerkstatt und einen Fischladen.

Zum weiteren Ensemble gehört das

Museumsschiff Gera als Außenstelle des Morgenstern-Museums im Fischereihafen

Anschrift und Auskunft: Fischkai, D-27572 Bremerhaven
Telefon: (0471) 20138
Fax: (0471) 5902700
Öffnungszeiten: April bis Oktober: laut Aushang/nach Vereinbarung
(Grafik siehe Seite 7)

32 Deutsches Schiffahrtsmuseum

Anschrift und Auskunft: Van-Ronzelen-Straße, D-27568 Bremerhaven
Telefon: (0471) 48207-0
Fax: (0471) 48207-55
Öffnungszeiten: Dienstag bis Sonntag 10-18 Uhr, montags geschlossen außer Ostern/Pfingsten; Museumsschiffe von April bis September
Lage und Erreichbarkeit: ab Bremerhaven Hauptbahnhof mit dem Bus oder zu Fuß;
mit dem Pkw bis zur Autobahn-Abfahrt Bremerhaven-Mitte, dann der Ausschilderung mit dem Zeichen für City und Radarturm folgen; großer, gebührenpflichtiger Parkplatz vorhanden

Das DSM unterhält eine Fachbibliothek zur Schiffahrtsgeschichte mit ca. 55000 Bänden, ein Archiv mit ca.

Fischereimotorschiff »Gera«; dieser letzte deutsche Seitentrawler wurde 1990 außer Dienst gestellt; Baujahr 1959/60 (31)

110000 Fotos, zahlreiche Veröffentlichungen zur Schiffahrtsgeschichte wie das jährlich erscheinende »Schiffahrtsarchiv« und Mitteilungen des Fördervereins.

Das Deutsche Schiffahrtsmuseum (DSM) stellt sich die Aufgabe, als zentrale Einrichtung Deutschlands dessen schiffahrtsbezogene Geschichte und Kultur zu erfassen und museal wiederzugeben. Wichtige Kristallisationskeime für das 1975 eröffnete, relativ junge Museum waren in Bremerhaven bestehende Schiffahrtssammlungen und der Fund der »Bremer Hansekogge« von 1380, die das Kernstück des von Scharoun entworfenen Museumsgebäudes bildet. Die Kogge (bis etwa 2000 noch in einem Konservierungsbecken) und Abteilungen zu den Themen Wassersport, Schiffahrtswege, Schiffsbau, Deutsche Marine, dargestellt in hervorragenden Objekten und Modellen, die sich realitätsnah mit den Originalen im Museumshafen ergänzen, sowie zahlreiche Sonderausstellungen machen das Deutsche Schiffahrtsmuseum zu einem der meistbesuchten Museen Norddeutschlands.

Das Museum umfaßt zur Zeit das Hauptgebäude, Museumsschiffe und ein Freigelände; eine Erweiterung des Museums zur Darstellung der »Geschichte der Meeres- und Polarforschung« ist im Bau.
(Abbildungen s. S. 70 und 139)

Rekonstruktion der Hansekogge; weitere Abbildung siehe die folgende Doppelseite (32)

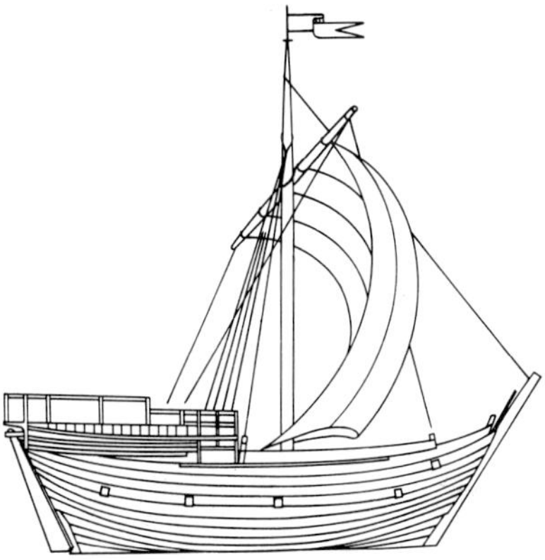

Hanse-Kogge von 1380

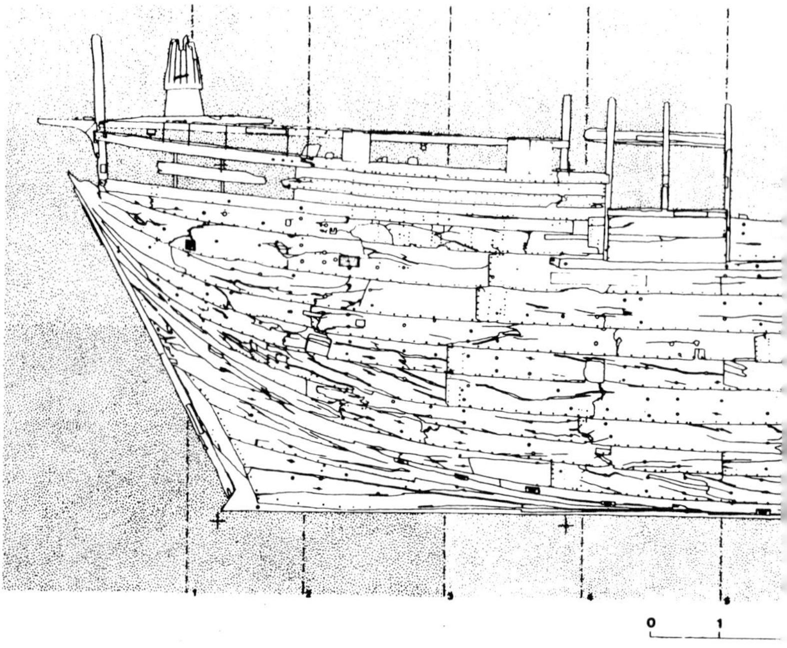

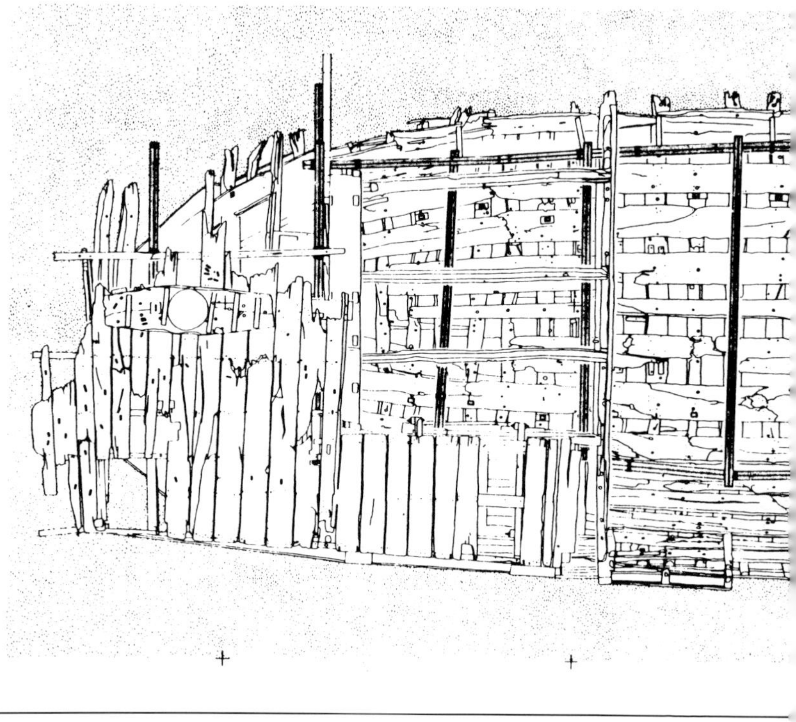

Deutsches Schiffahrtsmuseum, Bremerhaven: Steuerbordansicht (oben) und Draufsicht (unten) von der Hansekogge, die 1380 gebaut wurde (32)

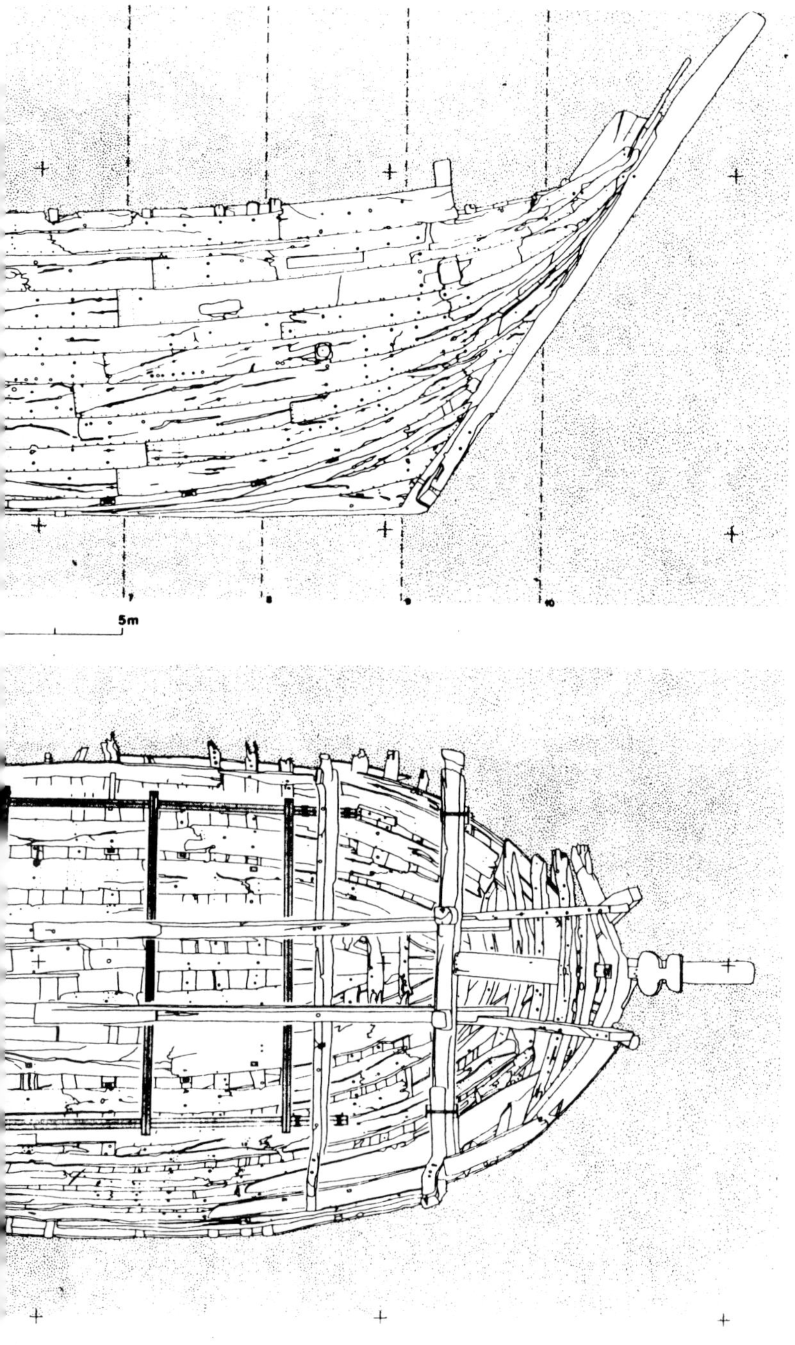

33 Technikmuseum U-Boot Wilhelm Bauer e. V.

Anschrift und Auskunft: Van-Ronzelen-Straße, D-27568 Bremerhaven
Telefon: (0471) 48207-27
Fax: (0471) 48207-55
Öffnungszeiten: April bis Oktober: 10-17.30 Uhr; im Winter geschlossen
Lage und Erreichbarkeit: wie das Deutsche Schiffahrtsmuseum

Kleiner Laden im Informationsraum an Bord

Das U–Boot *Wilhelm Bauer* liegt im Museumshafen des DSM, gebaut als U 2540 des Typs XXI, der 1943 für die deutsche Kriegsmarine konzipiert wurde; im Mai 1945 Selbstversenkung des Bootes. 1960 von der Bundesmarine als Schul- und Erprobungsboot mit einer veränderten Maschinenlage als *Wilhelm Bauer* wieder in Dienst gestellt, 1984 Einrichtung als Museums-U-Boot. Eintrittsgebühr unabhängig vom DSM.

34 Schiffahrtsmuseum der oldenburgischen Weserhäfen e. V.

Anschrift und Auskunft: Breite Straße 9, D-26919 Brake
Telefon: (04401) 6791
Fax: (04401) 5266
Öffnungszeiten: Dienstag bis Samstag 10-12 und 14-17 Uhr, Sonntag 10-17 Uhr durchgehend
Lage und Erreichbarkeit: an der DB-Strecke Bremen–Nordenham;
mit dem Pkw auf der B 211 ab Oldenburg, der B 212 ab Bremen

Das Museum, das 1960 aus privaten Sammlungen entstand, zeigt in zwei nahe beieinanderliegenden historischen Gebäuden, einem Kaufmannshaus und dem »Telegraph« an der Kaje, Objekte und Schiffsmodelle sowie nautische Geräte aus der Schiffahrtstradition der oldenburgischen Weserhäfen mit dem Schwerpunkt der Segelschiffahrt des 19. Jahrhunderts.

Das U-Boot »Wilhelm Bauer« fungiert heute als Technikmuseum (33)

Die beiden Stützpunkte des Schiffahrtsmuseums in Brake: Links das Bürgerhaus von 1808, rechts der Telegraphenturm von 1846 (34)

35 Museum »Altes Land« Jork

Anschrift und Auskunft: Westerjork 49, D-21635 Jork
Telefon: (04162) 5715
Öffnungszeiten: April bis Oktober: Dienstag bis Sonntag 11-17 Uhr; November bis März: Mittwoch, Samstag und Sonntag 13-16 Uhr
Lage und Erreichbarkeit: Bundesstraße 73 von Hamburg bzw. Cuxhaven bis Neukloster (westlich von Buxtehude), von dort nach Jork

Das Jorker Museum liegt im Zentrum des Gebietes an der Niederelbe zwischen Stade und Hamburg. Es behandelt die Geschichte der Kultivierung, des Hausbaus und des Verkehrswesens einschließlich der Schiffahrt des Alten Landes.

36 Bachmann-Museum Bremervörde (Kreismuseum)

Postanschrift: Postfach 1363, D-27423 Bremervörde
Museumsanschrift: Amtsallee 8 und Vorwerkstraße 19-21, D-27432 Bremervörde
Telefon: (04761) 81347 oder 81349
Öffnungszeiten: Montag bis Donnerstag 9-12 und 13-16 Uhr, Freitag 9-12 Uhr, Sonntag 10-12 Uhr
Lage und Erreichbarkeit: DB-Bahnhof Bremervörde;
Pkw: Bundesstraße 71 und 74, Autobahn A1, Abfahrt Bockel

Das Museum ist hervorgegangen aus der Privatsammlung von August Bachmann, dessen Namen das Museum seit 1985 trägt. Das Museum widmet sich den naturkundlichen, historischen und volkskundlichen Eigenheiten, insbesondere des Elbe-Weser-Dreiecks.
Zum Thema Schiffahrt enthält die Ausstellung eine Sammlung von Schiffsmodellen, die die Schiffahrt auf Moorkanälen und auf der Oste repräsentieren.

Der Seenotrettungskreuzer »Georg Breusing« liegt heute als Museumsschiff im Ratsdelft von Emden (37)

37 Pelzerhaus Emden

Anschrift und Auskunft: Pelzerstraße 2, D-26721 Emden
Telefon: (04921) 25335
Öffnungszeiten: Dienstag bis Sonntag 10-12 und 14-17 Uhr
Lage und Erreichbarkeit: DB-Bahnhof Emden;
Pkw: Autobahn A 31 bis Ausfahrt Emden-Wolthusen

Das Pelzerhaus, ein Renaissance-Bürgerhaus aus der Zeit um 1585, in der Altstadt Emdens hat ein historisch eingerichtetes Restaurant und zeigt Wechselausstellungen.

Das Museumsschiff Georg Breusing,

ein ehemaliger Seenotrettungskreuzer, liegt in betriebsfähigem Zustand im Ratsdelft am Rathausplatz Emdens; es kann während der Sommermonate täglich von 10-13 und 15-17 Uhr besichtigt werden. (Bis auf einige Tage um den Jahreswechsel während der Wintermonate geschlossen.)

38 Heimatmuseum Leer

Anschrift und Auskunft: Neue Strasse 12-14, D-26789 Leer
Telefon: (0491) 2019
Öffnungszeiten: Dienstag bis Freitag 10-12 und 15-17 Uhr, Sonntag 11-12.30 Uhr
Lage und Erreichbarkeit: DB-Bahnhof Leer;
Pkw: Autobahn A 28 und A 31, Ausfahrt Leer-Nord

Dem Museum ist eine heimatgeschichtliche Bibliothek angeschlossen, geöffnet dienstags von 9-12 Uhr.

Der Verein für Heimatschutz und Heimatgeschichte e.V. gründete bereits 1909 das Heimatmuseum in Leer. Eine Abteilung des Museums widmet sich der Schiffahrt und zeigt neben Modellen, Zeichnungen und Bildern auch Bug und Heck einer Original-Binnentjalk.
Die Geschichte der Heringsfischerei zählt ebenfalls zu den Themen des Museums.

39 Heimatmuseum Papenburg

Anschrift und Auskunft: An der Marktkirche, D-26871 Papenburg
Telefon: (04961) 5540
Öffnungszeiten: Dienstag bis Sonntag 15-17 Uhr; die im Hauptkanal vor Anker liegenden Schiffsnachbauten können jederzeit von außen besichtigt werden.
Lage und Erreichbarkeit: DB-Bahnhof Papenburg;
Pkw: Bundesstraße 70 von Rheine-Meppen oder von Leer oder Bundesstraße 401 aus Richtung Oldenburg

Heimatmuseum Papenburg: Die Schmack »Gesine von Papenburg« auf einer Sonderfahrt (39)

Tjalk »Thekla von Papenburg« (39)

Das Papenburger Heimatmuseum nimmt sich seit 1958 der historischen Entwicklung der Stadt an. Insbesondere der im 19. Jahrhundert bedeutende Schiffsbau und die Schiffahrt bilden Schwerpunkte des Museums. Der Heimatverein hat dazu eine Reihe von typischen Papenburger Schiffen im Maßstab 1:1 nachgebaut: eine Spitzmutte, eine Kuff, einen Schoner, eine Tjalk, eine Brigg und eine Schmack. Auf letzterer können Sonderfahrten durchgeführt werden.

40 Fehnmuseum Eiland Großefehn-Westgroßefehn

Anschrift und Auskunft: Leerer Landstraße 59, D-26629 Großefehn-Westgroßefehn
Telefon: (04943) 201-114 oder (04945) 1333
Öffnungszeiten: Mai bis September: Dienstag bis Donnerstag 10-17 Uhr, Freitag 10-21 Uhr, Samstag, Sonntag 10-17 Uhr
Lage und Erreichbarkeit: Bundesstraße 72 von Aurich oder 75/72 von Leer bis Großefehn, von dort nach Westgroßefehn

Den Schwerpunkt des Museums bilden der Torfabbau und die Erschließung der Moorflächen. Die Schiffahrt auf den Fehnkanälen, aber auch die Küstenschiffahrt gehören ebenfalls zu den Themen der 1991 eröffneten Ausstellung.

41 Fehn- und Schiffahrtsmuseum Westrhauderfehn

Anschrift und Auskunft: Rajen 5, D-26817 Rhauderfehn
Telefon: (04952) 80359
Öffnungszeiten: Mittwoch bis Freitag 10-12 und 14.30-17 Uhr, Samstag 14.30-17 Uhr, Sonn- und Feiertage 11-12.30 und 14.30-18 Uhr

Das Fehn- und Schiffahrtsmuseum Westrhauderfehn zeigt eine der ältesten deutschen Schiffsapotheken (19. Jh.) (41)

Übersee-Museum Bremen: Modell eines Eingeborenenbootes (42)

Lage- und Erreichbarkeit: mit Pkw über A 1, Abfahrt Cloppenburg, B 72 Richtung Aurich, Emden, Abfahrt Saterland-Barßel, Richtung Westrhauderfehn

Das Museum entstand 1954 zunächst in einem Teil einer ehemaligen Kaufmannsvilla, seine Sammlung dehnte sich dank der Unterstützung der Bevölkerung durch wertvolle Ausstellungsstücke auf das gesamte Gebäude aus. Die Abteilung Schiffsbau und Schiffahrt enthält zum einen die Werkzeuge und Arbeiten der ansässigen Schiffsbauer, Segel- und Blockmacher, zum anderen Navigationsgeräte, Seefahrersouvenirs und als Besonderheit eine Schiffsapotheke aus der »Windjammerzeit«.

42 Übersee-Museum Bremen

Anschrift und Auskunft: Bahnhofsplatz 13, D-28195 Bremen
Telefon: (0421) 3619176
Fax: (0421) 3619291
Öffnungszeiten: Dienstag bis Sonntag von 10-18 Uhr; museumspädagogischer Dienst
Lage und Erreichbarkeit: direkt am Hauptbahnhof

Das Museum entstand 1896 mit den Schwerpunkten Natur-, Völker- und Handelskunde; als Überseemuseum zeigt es seit 1979 in Objekten und Inszenierungen die Kulturen der Erde, darunter Boote und Schiffsmodelle der Südsee und Asiens. Eine bis 1996 neu eingerichtete Abteilung gilt dem Handel und der Wirtschaft Bremens, präsentiert durch zahlreiche Modelle von Bremer Schiffen und Dioramen zur Hafengeschichte.
(Farbige Abbildung siehe Seite 71)

43 Ausstellungsraum der Deutschen Gesellschaft zur Rettung Schiffbrüchiger

Anschrift und Auskunft: Werderstraße 2, D-28199 Bremen
Telefon: (0421) 53707-0 (Durchwahl für Anmeldungen: -33)
Fax: (0421) 53707-43
Öffnungszeiten: montags bis freitags nur nach vorheriger Vereinbarung
Lage und Erreichbarkeit: mit Bus, Straßenbahn

Die 1865 gegründete Gesellschaft zur Rettung Schiffbrüchiger leistet ihre humanitäre Hilfe aus freiwilligen Zuwendungen, mit denen auch Schiffe und Gerät auf dem letzten Stand der Technik gehalten werden. Der Ausstellungsraum zeigt Exponate und Modelle zur Geschichte der Seenotrettung, die durch Filmvorführungen ergänzt werden, im Freigelände das Original des Motorrettungsbootes *Rickmer Bock*; weitere historische und außer Dienst gestellte Rettungsfahrzeuge der Gesellschaft sind in anderen Häfen (s. a. Lex. Nr. 24, 29, 37) und Museen (14, 138) zu besichtigen.

44 Bremer Landesmuseum für Kunst- und Kulturgeschichte – Focke-Museum –

Anschrift und Auskunft: Schwachhauser Heerstraße 240, D-28213 Bremen
Telefon: (0421) 3613575
Fax: (0421) 3613903
Öffnungszeiten: Dienstag bis Donnerstag 10-18 Uhr, montags geschlossen; für Schulen auf Voranmeldung ab 9 Uhr

Motorrettungsboot »Rickmer Bock«, zu sehen auf dem Gelände der Deutschen Gesellschaft zur Rettung Schiffbrüchiger (43)

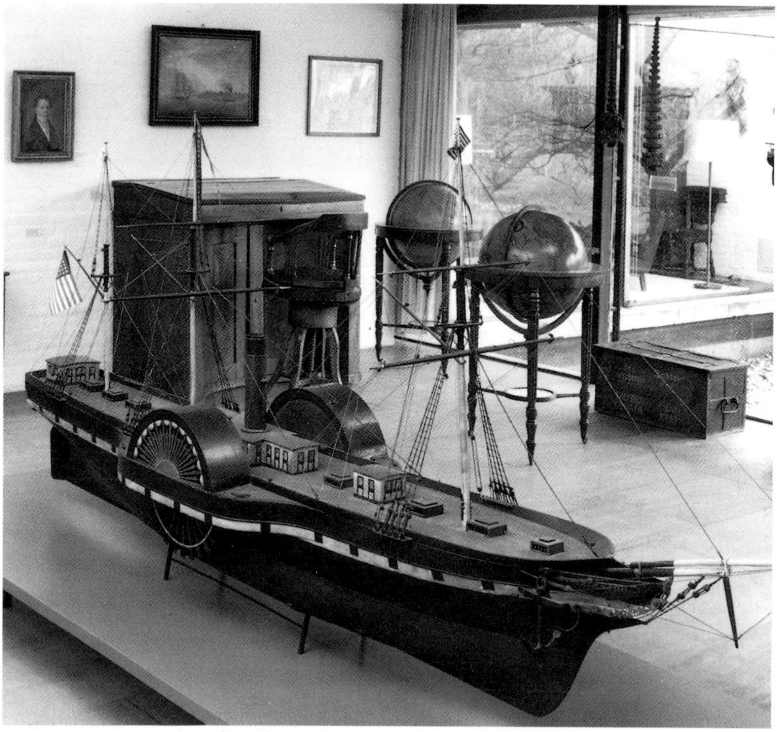

Focke-Museum, Bremen: Blick in einen der Ausstellungsräume der Schiffahrtsabteilung; im Vordergrund ein Modell des nordamerikanischen Raddampfers »Washington« (44)

Lage und Erreichbarkeit: Buslinien Nr. 30, 31, 33, 34, Haltestelle Focke-Museum

Das Museum erhielt seinen Namen nach dem Gründer, Senatssekretär Focke, und wurde 1924 mit dem Gewerbemuseum vereinigt.

Die Schiffahrtsabteilung widmet sich der Handelsschiffahrt, besonders der Nordamerikafahrt des 19. Jahrhunderts, der deutschen Marine von 1848 bis 1853 und dem Walfang.

45 Heimatmuseum Schloß Schönebeck

Anschrift und Auskunft: Im Dorfe 3, D-28757 Bremen
Telefon: (0421) 623432
Öffnungszeiten: Dienstag, Mittwoch, Samstag, Sonntag 15-17 Uhr, Sonntag 10-12.30 Uhr; Gruppen nach Vereinbarung auch zu anderen Zeiten, Archiv mit Gemäldesammlung nach Anmeldung
Lage und Erreichbarkeit: Pkw: BAB-Verteilerkreis Bremen-Nord, auf der B 74 bis Abfahrt Schönebeck, dann Ausschilderung folgen;
mit der DB von Bremen Hbf bis Schönebeck, dann 10 Min. Fußweg

Die Sammlung wurde 1911 zur Dokumentation der maritimen Geschichte Vegesacks, eines der ältesten künstlichen Seehäfen

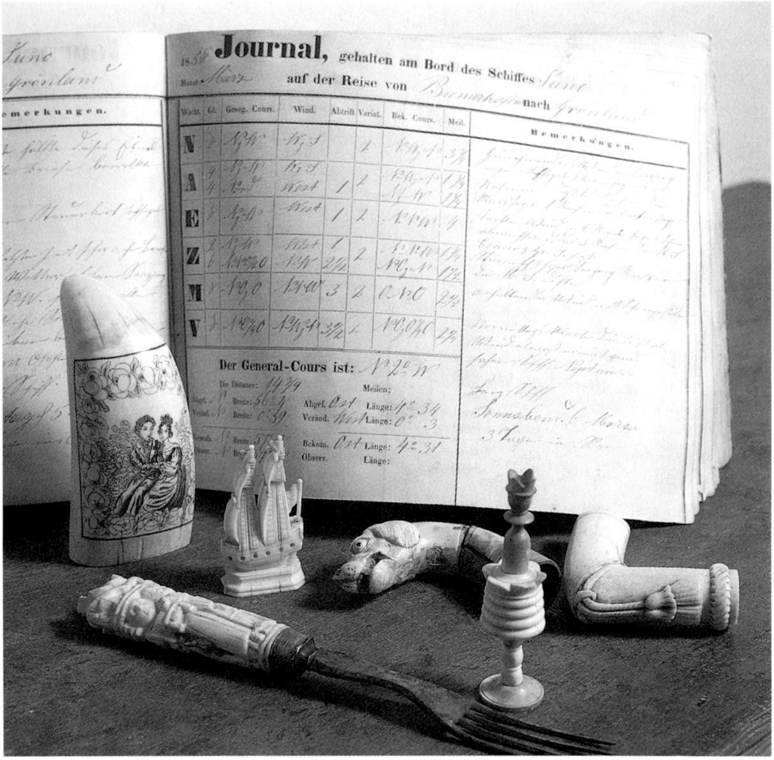

Heimatmuseum Schloß Schönebeck, Bremen: Walfänger-Journal und Objekte aus Walbein; der Gegenstand links ist der Zahn eines Pottwals (45)

Deutschlands, gegründet, und ist heute in einem Herrenhaus in reizvoller Lage untergebracht. Sie umfaßt den Schiffs-, Boots- und Yachtbau, die Reepschlägerei, Nautik und das Rettungswesen, den Wal- und Fischfang sowie Galionsfiguren.

46 Schiffahrtsmuseum Haren

Anschrift und Auskunft: Kanalstraße, D-49733 Haren (Ems)
Telefon: (05932) 8225 (Stadtverwaltung)
Öffnungszeiten: Mai bis September: Dienstag bis Donnerstag 15-17 Uhr, Sonntag 14.30-17.30 Uhr
Lage und Erreichbarkeit: DB-Bahnhof Haren (Ems);
Pkw: Bundesstraße 70 von Meppen oder Leer bis Kellerberg, von dort Bundesstraße 408 nach Haren

Seit 1986 besitzt Haren ein schiffahrtskundliches Museum. Es besteht aus Schiffen, die am Haren-Rütenbrock-Kanal liegen: die Pünte *Haren I*, die Spitzpünte *Helene*, das Wattschiff *Thea-Angela* und der Kanalschlepper *August*. Im Inneren der beiden Pünte und der *Thea-Angela* werden die Sammlungen des Museums gezeigt: eine nautische Instrumentensammlung, Objekte zur Schiffahrtsgeschichte Harens und Einzelheiten zu diesen Schiffen.

Verschiedene Bootstypen im Museum für Schiffahrt und Torfabbau in Osterholz-Scharmbeck (47)

47 Museum für Schiffahrt und Torfabbau Osterholz-Scharmbeck

Anschrift und Auskunft: Postanschrift: Museumsanlage Landkreis Osterholz, Postfach 1262, D-27702 Osterholz-Scharmbeck;
Museumsanschrift: Bördestraße 42, D-27711 Osterholz-Scharmbeck
Telefon: (04791) 930351 (Museumsanlage) oder 930203 (Kulturamt)
Öffnungszeiten: Dienstag bis Sonntag 10-17 Uhr
Lage und Erreichbarkeit: DB-Bahnhof Osterholz-Scharmbeck;
Pkw: Autobahn A 27, Ausfahrt Bremen-Industriehafen, Bundesstraße B 74 Richtung Osterholz-Scharmbeck, im Ort ausgeschildert

Das Museum für Schiffahrt und Torfabbau zeigt Typen aller früher im Teufelsmoor gebräuchlichen Schiffe, die den im Moor abgebauten Brenntorf durch Gräben und Kanäle bis nach Bremen transportierten. Höhepunkt der Ausstellung ist eine 21 m lange Schute, die 1984 im Schlamm eines Seitenkanals der Beeke gefunden wurde.

48 Torfschiffwerftmuseum Worpswede

Anschrift und Auskunft: Schlußdorfer Straße 20, D-27726 Worpswede
Telefon: (04792) 600
Öffnungszeiten: April bis Oktober: Mittwoch 12-15 Uhr, Freitag, Samstag 15-18 Uhr, Sonntag 10-12 und 15-18 Uhr
Lage und Erreichbarkeit: Autobahn A 27 bis Ausfahrt Bremen-Burglesum, über Bundesstraße 74 nach Osterholz-Scharmbeck, von dort nach Worpswede

Die frühere Torfschiffwerft in Worpswede ist heute ein Museum: über 100 Jahre in Betrieb, wurde die Werft 1977 restauriert und informiert heute über Bau und Nutzung der »Halbhuntschiffe«, die zum Torftransport dienten.
Schiffe in verschiedenen Baustadien, Werkzeuge und Bilder über Schiffsbau und Torfgewinnung erzählen von der Geschichte der Torfschiffahrt.

49 Schloßmuseum Eutin

Anschrift und Auskunft: Schloß, D-23701 Eutin
Telefon: (04521) 2312
Öffnungszeiten: Mai bis Oktober: täglich außer Montag, nur mit Führung
Lage und Erreichbarkeit: DB-Bahnhof Eutin, das Schloß liegt im Zentrum Eutins;
Pkw: Autobahn A 1, Ausfahrt Eutin, von dort über Bundesstraße 76 nach Eutin

Das Schloß der ehemaligen Großherzöge von Oldenburg gibt einen Einblick in die adlige Lebenswelt des 17. bis 19. Jahrhunderts. Zu den Besonderheiten zählen fünf Schiffsmodelle aus dem Besitz des Zaren Peter III. (1728-1762).

50 Ostholstein-Museum Neustadt in Holstein

Anschrift und Auskunft: Vor dem Kremper Tor 11, D-23730 Neustadt in Holstein
Telefon: (04561) 6204
Fax: (04561) 6207
Öffnungszeiten: April, Mai, September, Oktober: Dienstag bis Samstag 15-17, Sonntag 10-12 Uhr; Juni bis August: Dienstag bis Sonntag 10-12 und 15-17 Uhr; sonst nach Vereinbarung
Lage und Erreichbarkeit: Gehweg vom Bahnhof 15 Min;
für Pkw Parkmöglichkeit neben dem Kremper Tor

Archivbenutzung nach Vereinbarung

Das Ostholstein-Museum wurde 1908 eröffnet, 1912 und zuletzt 1967 erweitert. Es zeigt Modelle, Bilder und Karten aus der Seefahrt und der Fischerei, darunter ein Modell des Dampfkanonenbootes *Von der Tann* von 1850

51 Detlefsenmuseum

Anschrift und Auskunft: Brockdorff-Palais, Am Fleth 43, D-25348 Glückstadt
Telefon: (04124) 6448 oder 3808
Öffnungszeiten: nach Vereinbarung (zur Zeit wegen Gebäudesanierung und Neueinrichtung geschlossen)
Lage und Erreichbarkeit: BAB Abfahrt 23 Elmshorn Süd, dann B 431 bis zum Parkleitsystem;
DB-Bahnhof Glückstadt, kurzer Fußweg zur Innenstadt

(Sammlungen zur Grönlandfahrt auf Walfang und Robbenschlag, Herings- und Störfischerei)

52 Schwedenspeicher-Museum

Anschrift und Auskunft: Am Wasser West 39, D-21682 Stade
Telefon: (04141) 3222, 45751 oder 44824
Öffnungszeiten: Dienstag bis Freitag 9-17 Uhr, Samstag und Sonntag 10-18 Uhr, Montag geschlossen
Lage und Erreichbarkeit: am nördlichen Ende der Altstadt;
für Pkw Parkplatz am Scheruhnteich

Wie bei vielen anderen Regionalmuseen ist das Museumsgebäude selbst, der um 1700 errichtete »Schwedenspeicher«, für das Museum der größte Ausstellungsgegenstand, der historisch in den Hafenbetrieb eingebunden war. Die darin aufgenommenen Sammlungen enthalten Siegel, Flaggen, Gemälde und Modelle zur Schiffahrtsgeschichte. Der neue Hafen Stades ist der Liegeplatz des restaurierten und seetüchtigen Elbewers *Wilhelmine von Stade.*

53 Binikowskis & Behnkes Buddelschiff-Museum

Anschrift und Auskunft: Im Schulauer Fährhaus (Willkomm Höft), D-22880 Wedel bei Hamburg
Telefon: (04103) 81978
Fax: (04103) 2303
Öffnungszeiten: März bis Oktober täglich 10-18 Uhr, November bis Februar Mittwoch, Samstag und Sonntag 10-18 Uhr
Lage und Erreichbarkeit: von der B 431;
S-Bahn Hamburg-Wedel, dann der Beschilderung zur Schiffsbegrüßungsanlage »Willkomm Höft« folgen

Reichhaltige Sammlung von über 200 Flaschenschiffen und Nautiquitäten, die seit 1982 in Räumen des Schulauer Fährhauses bei der Schiffsbegrüßungsanlage »Willkomm Höft« untergebracht ist.

Der Schwedenspeicher in Stade gab dem Museum zur Schifffahrtsgeschichte nicht nur den Namen, sondern bietet ihm auch einen reizvollen Rahmen (52)

Viermastbark Passat

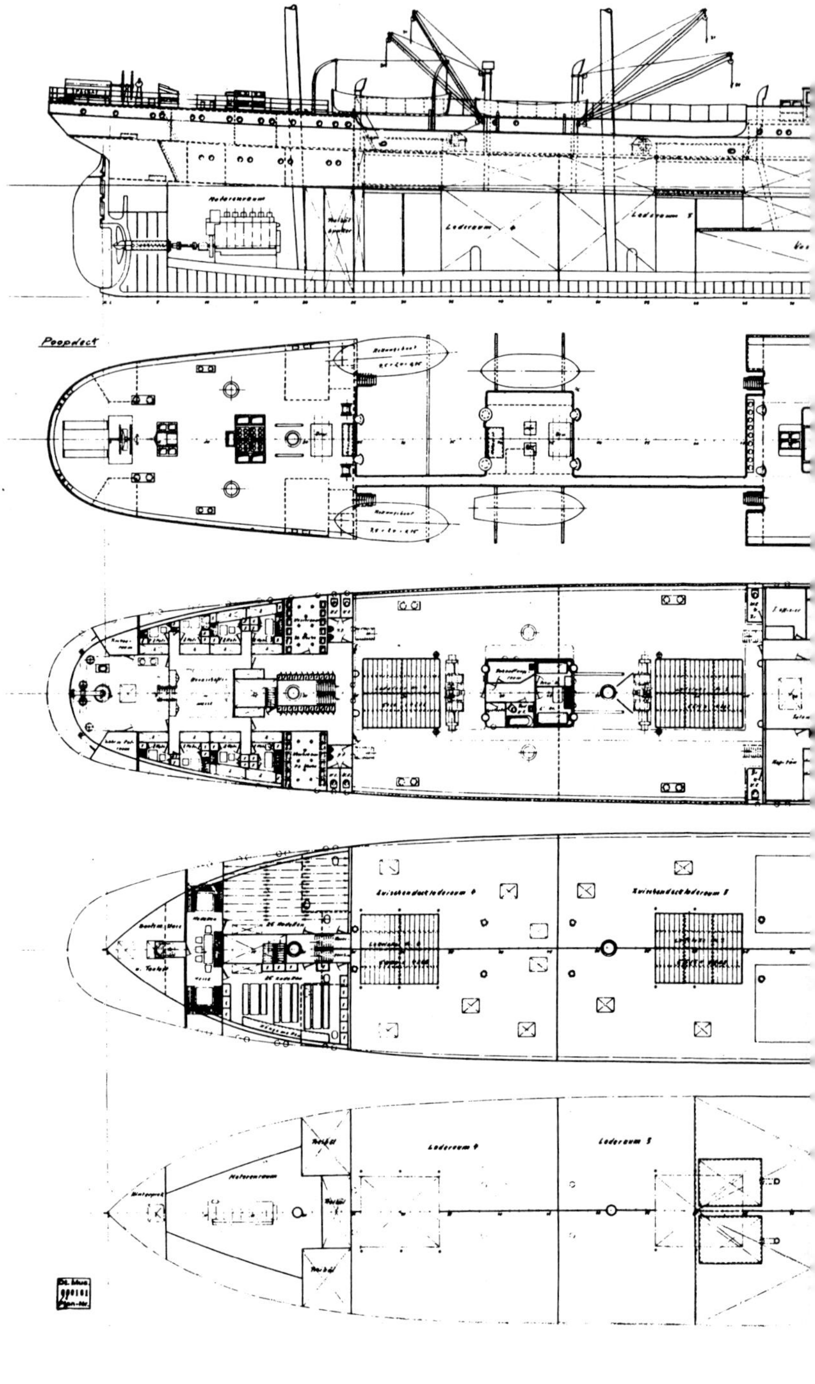

Verschiedene Ansichten der Viermastbark »Passat«, Travemünde; von oben nach unten: Längsschnitt, Bockdeck, Oberdeck, Zwischendeck, Stauung (Text und Abbildung Seite 44, Nr. 54)

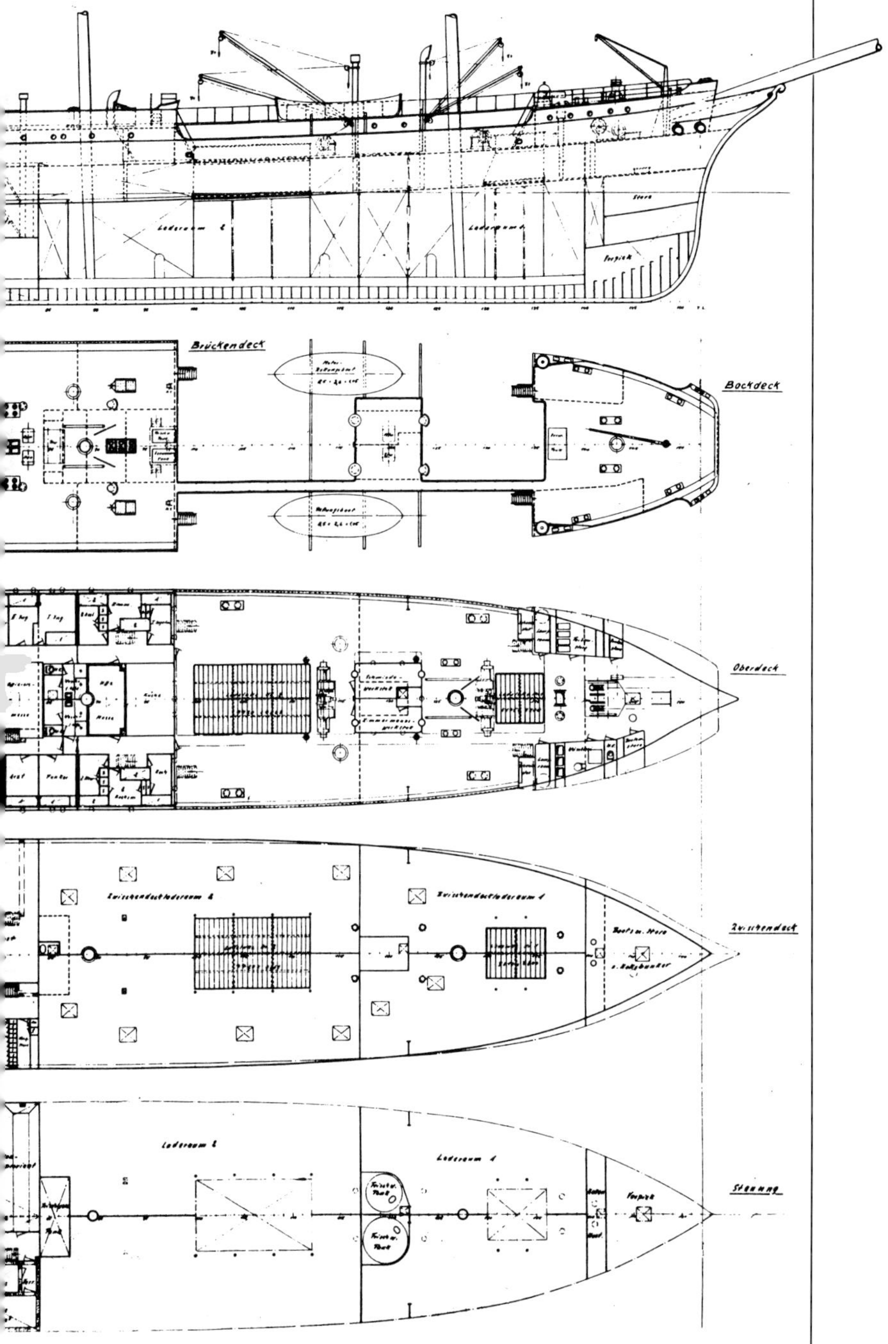

54 Museumsschiff Passat

Anschrift und Auskunft: Viermastbark Passat, D-23570 Travemünde Priwall
Telefon: (04502) 6396
Öffnungszeiten: 15. Mai (einschließlich Wochenende davor) bis 15. September (zusätzlich Wochenende danach): täglich 10-16.30 Uhr; im Winter Gruppenführungen nach Vereinbarung
Lage und Erreichbarkeit: mit Bus oder DB bis Travemünde, dann Fähre
Parkmöglichkeit auch direkt am Schiff

Die Viermastbark *Passat* trat 1911 ihre erste Reise in der Salpeterfahrt nach Chile an. Im Jahr 1951 wurde sie zu einem frachttragenden Schulschiff umgebaut und 1957, nachdem das Schwesterschiff *Pamir* im schweren Sturm unterging, außer Dienst gestellt. Als einer der letzten berühmten »P«-Liner ist die *Passat* heute als Museumsschiff eingerichtet und mit einem Ausstellungsraum zu ihrer Geschichte ausgestattet.

55 Museum für Kunst und Kulturgeschichte Lübeck Holstentor

Anschrift und Auskunft: Museum Holstentor, Holstentorplatz, D-23552 Lübeck
Telefon: (0451) 12241-29 und 12241-34/37
Öffnungszeiten: Oktober bis März: Dienstag bis Sonntag 10-16 Uhr; April bis September: Dienstag bis Sonntag 10-17 Uhr
Lage und Erreichbarkeit: zu Fuß von der Innenstadt

Das Holstentor wurde 1464 bis 1478 als Vortor jenseits der Trave errichtet und symbolisierte die wirtschaftliche und politische Unabhängigkeit der Hansestadt Lübeck, für die besonders Schiffahrt und Schiffsbau eine bedeutende Rolle spielten.
Das Museum im historischen und berühmten Holstentor zeigt die Stadtgeschichte und ihre Schiffahrt in Modellen und Gemälden, dazu nautische Instrumente und Takelwerkzeug.
(Siehe auch Seite 69)

»P«-Liner »Passat«, der als Museumsschiff im Hafen von Travemünde Priwall liegt (54)

Modell des Kriegsschiffs »Adler von Lübeck«, erbaut 1565/66; Museum für Kunst und Kulturgeschichte im Holstentor (55)

56 Wissenschaftliches Institut für Schiffahrts- und Marinegeschichte GmbH

Anschrift und Auskunft: Elbchaussee 277, D-22605 Hamburg
Telefon: (040) 821341
Fax: (040) 8226300

Das Wissenschaftliche Institut für Schiffahrts- und Marinegeschichte GmbH enthält eine der größten maritimen Sammlungen an Objekten, Modellen, Gemälden und Dokumenten. Besichtigung und Archivarbeiten nur nach Anfrage.

57 Hamburgisches Museum für Völkerkunde

Anschrift und Auskunft: Rothenbaumchaussee 64, D-20148 Hamburg
Telefon: (040) 44195-524
Fax: (040) 44195-242
Öffnungszeiten: Dienstag bis Sonntag 10-18 Uhr, Donnerstag bis 21 Uhr
Lage und Erreichbarkeit: U-Bahn Hallerstraße, S-Bahn Dammtor, Schnellbus 34, Bus 109 (Böttgerstraße)

Das Museum für Völkerkunde bezog den imposanten Bau 1912. Zuvor war der Objektbestand durch Südsee-Expeditionen in den Jahren 1908-1912 erheblich erweitert worden. Die Bootssammlung ist unter dem Kuppeldach untergebracht. In den Regionalabteilungen werden verschiedene Boote und Fischereitechniken dargestellt.

58 Museumshafen Oevelgönne e. V.

Anschrift und Auskunft: Ponton Neumühlen, Hamburg-Altona; Kontakt: Peter Cordes, Büngerweg 7, D-22605 Hamburg
Telefon: (040) 3900079 (Hafenmeister)
Öffnungszeiten: durchgehend, Besichtigung der Schiffe nach Vereinbarung
Lage und Erreichbarkeit: zu Fuß von den Landungsbrücken elbabwärts oder Bus 183;
mit dem Pkw beschränkte Parkmöglichkeit, sonst Elbchaussee bis etwa Nr. 139, dann Treppen abwärts

Gegründet 1973 von der Gemeinschaft der »Freunde des Gaffelriggs«, wurde der Museumshafen 1977 in der Höhe des neuen Elbtunnels angelegt. Er versammelt etwa 23 historische Fahrzeuge, besegelte Fracht- und Fischereifahrzeuge der Niederelbe, dampfgetriebene Schlepper und Schwimmkräne; Schautafeln erläutern die Geschichte und Verwendung der Schiffe.

Museum der Arbeit, Hamburg: Die Museumsschute vor ehemaligen Speichern (59)

59 Museum der Arbeit

Anschrift und Auskunft: Maurienstraße 19, D-22305 Hamburg
Telefon: (040) 2984-2364
Fax: (040) 2984-3179

Das Museum der Arbeit – Abt. Hafen – veranstaltet an verschiedenen Orten der Stadt Ausstellungen, Führungen oder Vorführungen zur Arbeit im Hafen.

Blick auf historische Fahrzeuge im Museumshafen Oevelgönne e.V., Hamburg (58)

Ausstellung in der Museumsschute H 11347

Öffnungszeiten: Juni bis Oktober: jeden 1. Sonntag des Monats
Lage und Erreichbarkeit: Zugang von der Deichstraße (Pontonanlage im Nicolaifleet), U-Bahn Rödingsmarkt oder Baumwall

Erklärungen durch einen Ewerführer im Nicolaifleet; daneben führt das Museum auch Vorstellungen des ehemaligen Polizeibootes *Alfred Wachholz* an der Überseebrücke (U-Bahn Baumwall) sowie Barkassenfahrten mit Erläuterungen zur Hafenentwicklung durch.

Modell des Convoyschiffs »Wappen von Hamburg III« (1718-1737); vgl. dazu die Abbildung auf S. 104 (60)

60 Museum für Hamburgische Geschichte

Anschrift und Auskunft: Holstenwall 24, D-20355 Hamburg
Telefon: (040) 3504-2360
Öffnungszeiten: Dienstag bis Sonntag 10-18 Uhr
Lage und Erreichbarkeit: U-Bahn U3 bis St. Pauli, Schnellbus 36 bis Millerntor, Bus 112 bis zum Museum

Die Ausstellung widmet sich der Geschichte Hamburgs und der historischen Wechselbeziehung von Schiffahrt, Hafen und Handel. Zahlreiche Hafen- und Schiffsmodelle, darunter ein Großmodell des Convoyschiffes *Wappen von Hamburg III* (siehe auch Nr. 111 bzw. S. 104) sind zu sehen, sowie die Darstellung einer »Reeperbahn«, des Arbeitsplatzes der Seilmacher.
(Farbige Abbildung siehe Seite 73)

61 Deutsches Zollmuseum Museums-Zollboot Glückstadt

Anschrift und Auskunft: Deutsches Zollmuseum, Oberfinanzdirektion, Alter Wandrahm 15a-16, D-20457 Hamburg
Telefon: (040) 33976-313
Fax: (040) 33976-389
Öffnungszeiten: auf Anfrage
Lage und Erreichbarkeit: U-Bahnhof Meßberg; zu Fuß von der Innenstadt, etwa 200 m südlich des »Chile-Hauses«

Das Deutsche Zollmuseum zeigt zur Arbeit und Organisation des Zollwesens in Deutschland das Museums-Zollboot *»Glückstadt«*, das seit 1954 im Jadebusen, auf der Unterelbe und um Rügen im Einsatz war.

62 Postmuseum am Stephansplatz

Anschrift und Auskunft: Postfach 301988, D-20306 Hamburg oder Stephansplatz 5, 20354 Hamburg
Telefon: (040) 3503-7701
Fax: (040) 3480566
Öffnungszeiten: Dienstag, Mittwoch, Freitag 10-15 Uhr, Donnerstag 10-18 Uhr;
Bibliothek nach tel. Anmeldung
Lage und Erreichbarkeit: U1, Bus 102 und 109 bis Stephansplatz, U2 bis Gänsemarkt, S-Bahnen bis Dammtor

Das Postmuseum am Stephansplatz ist aus einer seit 1937 bestehenden postgeschichtlichen Sammlung hervorgegangen. Die 1987 neu konzipierte Ausstellung zeigt Schiffsfunkanlagen und in seiner Abteilung Schiffspost ein Modell des Reichspostdampfers *Kaiser Wilhelm II.*

63 Museum der Elbinsel Wilhelmsburg

Anschrift und Auskunft: Kirchdorferstraße 163, D-21109 Hamburg
Telefon: (040) 751497
Öffnungszeiten: Mai bis Oktober: Sonntag 15-17 Uhr
Lage und Erreichbarkeit: mit Pkw über Otto-Brenner-Straße, eigener Parkplatz, sonst mit S-Bahn oder Bus

Archiv vorhanden

Das 1907 gegründete Museum besitzt seit 1988 eine Abteilung »Schiffbau am Reiherstieg« mit Schiffsmodellen und Werkzeugen des Holz- und des Eisenschiffbaus.

Postmuseum am Stephansplatz, Hamburg: Funktionsfähige Seefunkanlage (Löschfunksender) aus dem Jahr 1912 (62)

64 Altonaer Museum, Norddeutsches Landesmuseum

Anschrift und Auskunft: Museumstraße 23, D-22765 Hamburg
Telefon: (040) 3807483 oder 3807514
Fax: (040) 38072122
Öffnungszeiten: Dienstag bis Sonntag 10-18 Uhr
Museumspädagogische Dienste und ein öffentlicher Beratungstag, Mittwoch 14-16 Uhr
Lage und Erreichbarkeit: S-Bahnen bis Bahnhof Altona, Schnellbus 36, Bus 115, 183 bis Rathaus Altona, zu Fuß 3 Min. vom Bahnhof Altona

Bibliothek, Verkauf von Publikationen und Postern, Gaststätte »Vierländer Kate«

Als eines der größten Regionalmuseen Deutschlands enthält das Altonaer Museum eine reichhaltige Sammlung zum Thema »Schiffahrt und Fischerei«. Die in einem Rundgang durch mehrere Räume sich erschließende Abteilung umfaßt sechs größere Sammlungsbereiche: Schiffahrt, Schiffsbau, Zubringerhandwerk, Fischerei/Fangtechnik, Fischerei/Fahrzeugbau, Maritime Dekoration.
Die Schwerpunkte bei der Schiffahrt liegen unter anderem auf Navigation, Seemannschaft, Häfen und Ladung. An der Elbe liegt als fahrtüchtiges Museumsschiff der Lühe-Ewer *Elfriede.*
Die Sammlung der Schiffsporträts und die Plansammlung werden im Archiv verwahrt und können von Interessierten nach vorheriger Anmeldung eingesehen werden.
Die Abteilungen Schiffahrt und Fischerei befinden sich derzeit im Aufbau, nicht alle Räumlichkeiten sind deshalb der Öffentlichkeit zugänglich.
(Farbige Abbildung siehe Seite 68)

65 Museumsschiffe Landungs- und Überseebrücke Hamburg

Der Liegeplatz dieser Schiffe bietet von der erhöhten Uferpromenade aus zu jeder Tageszeit einen interessanten Überblick über den Wandel in der Schiffahrt. Während der Hafenumschlag sich elbabwärts verlagert hat, versammeln sich hier immer mehr Schiffe früherer Epochen. Auch der Yachthafen bei der Überseebrücke, der häufig »Oldtimer« aufnimmt, lohnt einen Besuch.
Lage und Erreichbarkeit: von den DB-Bahnhöfen: S-Bahn Landungsbrücken, U-Bahn Baumwall oder Landungsbrücken;
mehrere Parkgaragen in der Nähe

Rickmer Rickmers

Liegeplatz, Anschrift und Auskunft: St. Pauli Landungsbrücken, Fiete-Schmidt-Anleger Ponton 1 A, D-20359 Hamburg
Telefon: (040) 3195959
Fax: (040) 315027
Öffnungszeiten: täglich 10-18 Uhr

Die *Rickmer Rickmers* wurde 1896 als stählernes Vollschiff in Bremerhaven erbaut, nach einer Havarie in einem Taifun 1904 zur Bark umgetakelt. Nach dem ersten Weltkrieg fuhr sie unter portugiesischer Flagge und wurde zum Schulschiff *Sagres* umgebaut, schließlich stillgelegt. Der Verein »Windjammer für Hamburg« sorgte dafür, daß das Schiff zum Hafengeburtstag 1983 nach Hamburg kam, wo es nach umfangreichen Überholungsarbeiten seit 1987 besichtigt werden kann.
(Abbildung siehe Seite 50)

Die »Rickmer Rickmers« ist eines der beeindruckendsten Museumsschiffe an den Landungsbrücken in Hamburg (65)

Cap San Diego

Liegeplatz, Anschrift und Auskunft: Überseebrücke, D-20459 Hamburg
Telefon: (040) 364209 oder 365481
Öffnungszeiten: täglich 10-18 Uhr

Die *Cap San Diego* ist ein in seiner Formgebung bemerkenswerter Stückgutfrachter aus der Zeit vor der Containerisierung, erbaut 1962 in Hamburg, 1986 vom Hamburger Senat gekauft und der Stiftung Hamburger Admiralität als Museumsschiff übergeben. Als eines der jüngsten, mit einer Länge von 159,4 m und einer Tragfähigkeit von 10000 Tonnen aber auch größten Museumsschiffe, bietet es einen eindrucksvollen Rundgang durch alle Schiffsräume, die Kommandobrücke und die Maschinenanlage.

Stationen, die Ihnen helfen sollen, sich auf der »Cap San Diego« zurechtzufinden:
① *Werftschild*
② *Ladegeschirr*
③ *Festmach- und Ankerstation*
④ *Ladeluken*
⑤ *Palaverdeck*
⑥ *Hospital, Behandlungsraum, Apotheke*
⑦ *Bootsdeck (Rettungsboote, Schwimmbad, Laube)*

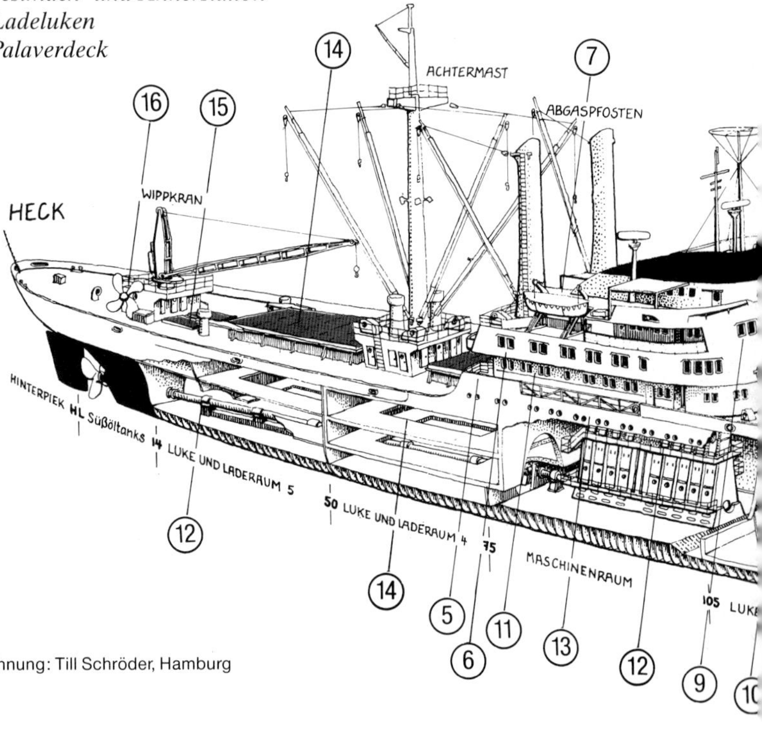

Zeichnung: Till Schröder, Hamburg

Die »Cap San Diego« in natura; sie ist eines der größten Museumsschiffe überhaupt (65)

⑧ *Kommandobrücke, Kartenraum, Funkraum*
⑨ *Wohnraum des Kapitäns*
⑩ *Speisesaal, Halle, Bar, Passagierkammern*
⑪ *Offiziersmesse, Pantry, Mannschaftsmesse, Kombüse*
⑫ *Maschinenraum, Wellentunnel*
⑬ *Mannschaftskammern, Wäscherei*
⑭ *Laderäume IV und V*
⑮ *Ladetanks für Fette, Öle oder andere zu Nahrungszwecken bestimmte flüssige Ladung*
⑯ *Farben, Store, Zimmermannswerkstatt (65)*

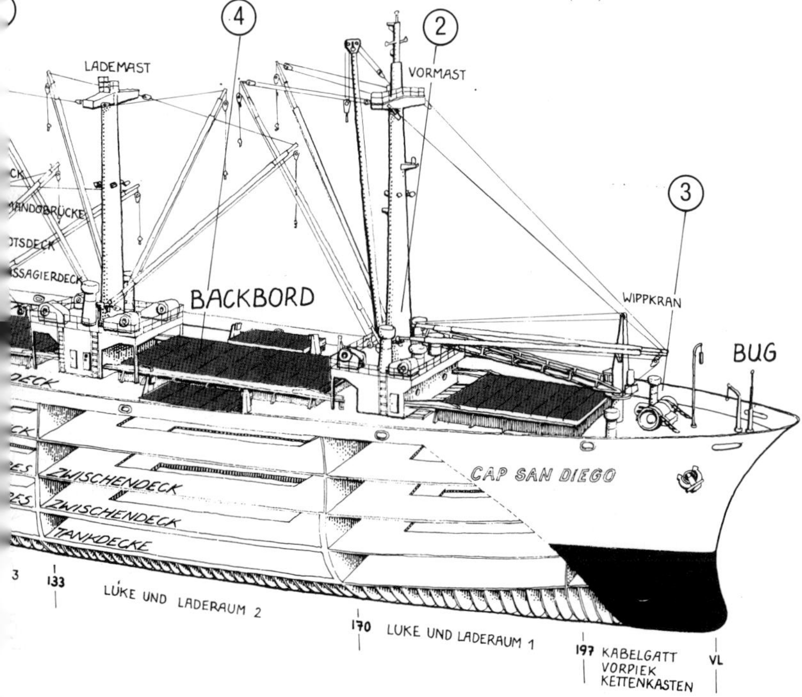

66 Elbschiffahrtsmuseum Lauenburg

Anschrift und Auskunft: Elbstraße 59, D-21481 Lauenburg
Telefon: (04153) 590984
Öffnungszeiten: März bis Oktober: täglich 10-13 und 14-17 Uhr; November bis Februar: Mittwoch, Freitag, Samstag, Sonntag 10-13 und 14-16.30 Uhr
Lage und Erreichbarkeit: DB bis Lauenburg/Elbe ab Lüneburg oder Lübeck; Schnellbus 31 ab Hamburg; mit dem Pkw: Parkmöglichkeit in der Nähe

Bibliothek, Foto- und Planarchiv zur Binnenschiffahrt.

Das Elbschiffahrtsmuseum, gegründet 1960, illustriert die Geschichte der Elbschiffahrt oberhalb Hamburgs, mit dem Spezialgebiet der historischen Schiffsantriebe ab 1855, in vorführbaren Originalen.
Fahrpläne (Ende Mai bis Ende September) für den Raddampfer *Kaiser Wilhelm 1900*, auf Anfrage: (04153) 590981, Liegeplatz am Elbufer.

67 Museum für das Fürstentum Lüneburg

Anschrift und Auskunft: Wandrahmstraße 10, D-21335 Lüneburg
Telefon: (04131) 43891
Öffnungszeiten: Dienstag bis Freitag 10-16 Uhr, Samstag und Sonntag 11-17 Uhr
Lage und Erreichbarkeit: DB-Bahnhof Lüneburg;
Pkw Autobahn A 7, Ausfahrt Garlstorf, von dort nach Lüneburg; oder Autobahn A 250 nach Lüneburg

Das bereits über 100 Jahre alte Museum in Lüneburg zeigt vor allem Geschichte und Kunst der berühmten Salzstadt und des Lüneburger Landes. Modelle einiger Ilmenau-Ever und der Pokal der Lüneburger Schiffer sprechen auch die Schiffahrt auf der Ilmenau an.

Elbschiffahrtsmuseum Lauenburg: Modell des Elb-Seitenradschleppers »Herzog« (66)

68 Ostpreußisches Landesmuseum

Anschrift und Auskunft: Ritterstraße 10, D-21335 Lüneburg
Telefon: (04131) 41855
Fax: (04131) 46091
Öffnungszeiten: Dienstag bis Sonntag 10-17 Uhr
Lage und Erreichbarkeit: DB-Bahnhof Lüneburg, von dort 10 Minuten Fußweg;
Pkw: Autobahn A 7, Ausfahrt Garlstorf, von dort nach Lüneburg; oder Autobahn A 250 bis Lüneburg

Das Museum verfügt über eine einschlägige Bibliothek auch zu den Themen Schiffahrt und Fischerei in Ostpreußen.

Das Ostpreußische Landesmuseum informiert seit 1987 über Geschichte, Kultur und Besonderheiten Ostpreußens. Ein Bereich der Ausstellung ist der Fischerei in Ostpreußen, insbesondere der des Kurischen Haffs gewidmet.

Ostpreußisches Landesmuseum, Lüneburg: Blick in einen Ausstellungsraum mit einem Kurenkahn (68)

69 Heimatmuseum Bleckede

Anschrift und Auskunft: Schloßstraße 1, D-21354 Bleckede
Telefon: (05852) 2581
Öffnungszeiten: auf Anfrage (das Museum eröffnet im Laufe des Jahres 1995)
Lage und Erreichbarkeit: das Heimatmuseum befindet sich im Schloß Bleckede; an bestimmten Tagen (siehe DB-Kursbuch, Strecke Nr. 12110) Museumsbahnverkehr von Lüneburg;
Pkw von Lüneburg über Landstraße nach Bleckede

Im Rahmen seiner heimatkundlichen Sammlungen geht das Heimatmuseum Bleckede auch auf Schiffahrt und Fischerei ein.

70 Walter-Honig-Heimatmuseum, Hitzacker

Anschrift und Auskunft: Zollstraße 2, D-29456 Hitzacker
Telefon: (05862) 7501 oder 8830 (während der Öffnungszeiten)
Öffnungszeiten: 15. April bis 30. Oktober: Dienstag bis Freitag 14.30-17.30 Uhr, Samstag, Sonntag 11-17 Uhr
Lage und Erreichbarkeit: DB-Bahnhof Hitzacker;
Pkw: Bundesstraße 216 von Lüneburg Richtung Dannenberg bis Metzingen, von dort nach Hitzacker

Im historischen alten Zollhaus zeigt das Walter-Honig-Heimatmuseum seit 1985 eine Ausstellung zu heimatkundlichen Themen. Hierzu zählen auch Modelle von Schiffen und Hafenanlagen von Elbe und Jeetzel.

Das Modell des Schubschiffs SCH 2710 »Berlin« mit Schubleichter ist im Heimatmuseum Vietze an der Elbe ausgestellt (71)

71 Heimatmuseum Vietze an der Elbe

Anschrift und Auskunft: D-29478 Höhbeck
Telefon: (05846) 532, 407, 1589 oder 2143
Öffnungszeiten: Mittwoch, Samstag und an Sonn- und Feiertagen 17-18 Uhr
Lage und Erreichbarkeit: Busverbindung vom DB-Bahnhof Dannenberg nach Höhbeck;
Pkw: Von Dannenberg oder Lüchow über Bundesstraße 493 nach Gartow, von dort nach Vietze

Das Museum verfügt über ein Archiv mit Gemälden und Fotos zum Thema Elbschiffahrt. Besuch nach Voranmeldung.

Bereits seit 1935 besteht die im Schulhaus untergebrachte regionalgeschichtliche Sammlung, die sich auch der Elbschiffahrt und dem Fischfang widmet.
Den Schwerpunkt bildet dabei eine Modellsammlung mit maßstäblichen Elbschiffen verschiedener Epochen und mit Schiffsmodellen, die Binnenschiffer angefertigt haben.

Während der Monate Mai bis Juni werden unter dem Motto »Elbschifffahrt erleben« Kahnfahrten auf der Elbe durchgeführt.

72 Stadtmuseum »Alte Burg« Wittenberge

Anschrift und Auskunft: Putlitzstraße 2, D-19322 Wittenberge
Telefon: (03877) 3182
Öffnungszeiten: Montag und Dienstag geschlossen, Besuch nach Vereinbarung möglich, Mittwoch und Freitag 9-12 Uhr, Donnerstag 13-16 Uhr, Sonntag 10-12 Uhr
Lage und Erreichbarkeit: DB-Anschluß aus Richtung Magdeburg, Berlin, Hamburg und Perleberg/Pritzwalk;
Pkw: B 189 aus Richtung Magdeburg und Rostock, Anschluß an die B 5 ab Perleberg in Richtung Berlin und Hamburg; B 195 aus Richtung Lenzen, Dömitz und Dannenberg

Das Stadtmuseum »Alte Burg« Wittenberge befaßte sich mit der Geschichte Wittenberges und der 140jährigen Entwicklung der Haushaltsnähmaschine. Ein Ausstellungsraum zeigt die Bedeutung der Elbeschiffahrt für Wittenberge.
(Farbige Abbildung siehe Seite 74)

Stadtmuseum Wittenberge: Ausstellungsraum zur Elbschiffahrt (72)

73 Prignitz-Museum Havelberg

Anschrift und Auskunft: Am Dom, D-39538 Havelberg
Telefon: (039387) 422 oder 88778
Öffnungszeiten: Mittwoch bis Sonntag 10-12 und 13-18 Uhr; Oktober bis April nur bis 17 Uhr
Lage und Erreichbarkeit: Linienbusse oder Pkw

Das Museum wurde 1904 vom »Verein zur Förderung der Heimatkunde in der Prignitz« gegründet. Der Sammlungsbestand enthält Modelle von Kauffahrteischiffen und Butzern der Kurfürstlichen Seeschiffswerft Havelberg, Handwerkszeug und Gerät der Schiffs- und Bootsbauer sowie der Fischer und deren Gildefahnen. (Weitere Modelle der Kurbrandenburgischen Flotte, ein Modell der Werft sowie ein Modell des Seeschifftransportes auf der Havel können auf Anfrage besichtigt werden.)

Gildefahne des Schiffsbaugewerkes Havelberg (73)

74 Stadtgeschichtliches Museum Wismar, »Schabbellhaus«

Anschrift und Auskunft: Schweinsbrücke 8, D-23966 Wismar
Telefon: (03841) 282350
Öffnungszeiten: Mai bis September, Dienstag bis Sonntag 10-18 Uhr; Oktober bis April, Dienstag bis Sonntag 10-16.30 Uhr; Führungen nach Vereinbarung
Lage und Erreichbarkeit: neben der Nikolaikirche, keine Parkmöglichkeit; der Beschilderung von den Parkplätzen folgen

Die Sammlungen des seit 1979 als »Stadtgeschichtliches Museum Wismar« eingerichteten Schabbellhauses gehen auf die Bestände eines 1863 gegründeten Vereinsmuseums, eines 1933 entstandenen Heimatmuseums und mehrerer Privatstiftungen zurück. Innerhalb der ständigen Ausstellung zur Stadtgeschichte zeigt eine spezielle Abteilung Schifffahrt, Hafen und Schiffbau des 19. Jahrhunderts in Wismar. Sie bietet zahlreiche Schiffsmodelle und Kapitänsbilder, Werkzeuge und nautische Instrumente sowie Seemannsmitbringsel aus aller Welt.
Neu eingerichtet wurden eine Schifferstube und ein Reeder-Kontor.
(Farbige Abbildung siehe Seite 72)

75 Heimatmuseum Warnemünde

Anschrift und Auskunft: Alexandrinenstraße 31, D-18119 Rostock
Telefon: (0381) 52667
Öffnungszeiten: Mittwoch bis Sonntag 9-12 und 12.30-17 Uhr, Montag, Dienstag geschlossen
Lage und Erreichbarkeit: mit dem Pkw aus Rostock über die Stadtautobahn in Richtung Warnemünde

Das Warnemünder Heimatmuseum wurde 1914 vom Plattdeutschen Ver-

Das Heimatmuseum von Warnemünde ist in einem pittoresken Fischerhaus untergebracht (75)

ein gegründet, um den Urlaubsgästen die Lebensweise der Warnemünder zu zeigen. Hunderte Exponate, die von den Einwohnern hierfür gestiftet wurden, fanden seit 1933 in einem typischen alten Fischerhaus Platz, das später erweitert werden mußte. Die Dauerausstellung demonstriert die Lebensweise der Fischer und Seeleute im 19. Jahrhundert, das Fischerei- und Lotsenwesen und die Seenotrettung.

76 Museumshafen Hansestadt Rostock e. V.

Anschrift und Auskunft: Lessingstraße 9, D-18055 Rostock;
Liegeplätze: Schwimmsteganlage Stadthafen Rostock/Haedgehafenbecken
Telefon: (0381) 4902435
Lage und Erreichbarkeit: Straßenbahn vom Hauptbahnhof, Linie 11 oder 12 bis Haltestelle Lange Straße; mit dem Pkw auf der B 105 direkt am Stadthafen

Der Museumshafen an der Nordpier des Haedgehafens entstand 1991 und ist Liegeplatz von etwa 16 Schiffen des Vereins. Zu ihnen gehören die landestypischen Zeesboote und weitere verschiedene Schiffstypen mit dem traditionellen Gaffelrigg. In der Saison wird der Hafen auch von auswärtigen Schiffen benutzt; besondere Hinweistafeln und Erläuterungen sind vorhanden.

77 Schiffahrtsmuseum der Hansestadt Rostock, Schiffahrtsgeschichte

Anschrift und Auskunft: August-Bebel-Straße 1, D-18055 Rostock
Telefon: (0381) 4922697/4922698
Fax: (0381) 27254
Öffnungszeiten: täglich außer Montag 9-17 Uhr
Lage und Erreichbarkeit: im Stadtzentrum am Steintor

Das denkmalgeschützte Gebäude, das 1856 als Klubhaus der Rostocker »Societät« entstand, wurde nach 1887 zur Unterbringung der umfangreichen Sammlungen der Rostocker Vereine genutzt und 1936 schließlich »Städtisches Museum«. Die ständigen Ausstellungen zeigen heute Objekte, Modelle und Dokumente der frühen Schiffahrt im Ost- und Nordseeraum und der Hansezeit, sowie Rostocks Segelschiffahrt im 19. Jahrhundert bis zur Seeverkehrswirtschaft auf dem Gebiet der ehemaligen DDR. Räumlich getrennt hiervon wird die Geschichte des Schiffsbaus dargestellt im

Schiffahrtsmuseum der Hansestadt Rostock, Schiffbaugeschichte

Anschrift und Auskunft: Traditionsschiff, Liegeplatz Schmarl, D-18106 Rostock
Telefon: (0381) 716246
Öffnungszeiten: täglich außer Montag 9-17 Uhr
Lage und Erreichbarkeit: mit dem Pkw aus Rostock in Richtung Warnemünde, Abfahrt Rostock-Schmarl;
DB-Nahverkehrszug ab Rostock

Die Abteilung Schiffsbaugeschichte des Schiffahrtsmuseums Rostock ist im Traditionsschiff Typ *Frieden* (ex *Dresden*) untergebracht, dem fünften einer Serie von 15 Frachtern, die in den Jahren 1956-1961 auf der Warnemünder Warnowwerft gebaut wurden.
In einzigartiger Weise werden in den Laderäumen des Schiffes der historische Schiffsbau und der Schiffsbau der DDR dargestellt; daneben sind der Maschinenraum und die Umschlageinrichtungen zu besichtigen. Im Freigelände beeindrucken der Schwimmkran *Langer Heinrich*, 1905, kleinere Marinefahrzeuge und Schiffsbaumaschinen.

Schwimmkran »Langer Heinrich« und Traditionsschiff »Dresden« (heute »Frieden«) im Hafen von Rostock (77)

78 Darß-Museum

Anschrift und Auskunft: Waldstraße 48, D-18375 Prerow
Telefon: (038233) 750
Öffnungszeiten: Mai bis September: täglich 9-17 Uhr; Oktober: 9-16 Uhr; im Winter nach Voranmeldung
Lage und Erreichbarkeit: südlich von Prerow

Das im Nationalpark Vorpommersche Boddenlandschaft gelegene Darß-Museum ist Landschaftsmuseum für Fischland, Darß und Zingst mit den Abteilungen Botanik, Forstwirtschaft, Salzgrasland, Ornithologie, Ethnographie, Fischerei und Darßer Segelschiffahrt. Im Kaminzimmer finden Sonderausstellungen mit den Werken norddeutscher Maler statt. Nicht versäumt werden sollte als Ergänzung zu dieser Sammlung ein Besuch der nahegelegenen Seemannskirche mit Schiffsmodellen und Seemannsgräbern.

Der Traditionshafen Bodstedt
mit etwa 30 Zeesbooten

Anschrift und Auskunft: Traditionshafen Bodstedt, E. Rammin, D-18356 Bodstedt

79 Heimatmuseum Zingst

Anschrift und Auskunft: Heimatmuseum »Haus Morgensonne«, Strandstraße 19, D-18374 Zingst
Telefon: (038232) 561
Öffnungszeiten: Mai bis September: Dienstag bis Sonntag 9-16 Uhr, Mittwoch bis 20 Uhr geöffnet; Oktober bis April: Dienstag und Donnerstag 9-16 Uhr
Lage und Erreichbarkeit: Linienbus ab den DB-Bahnhöfen Barth oder Ribnitz-Damgarten;
Pkw: Autobahn A 19 bis Ausfahrt Borlach-Ost, dann Bundesstraße 105 bis Löbnitz, von dort über Barth nach Zingst

Das Heimatmuseum des Ostseebades Zingst ist in einem früheren Kapitänshaus untergebracht und zeigt Einrichtungsgegenstände, Mitbringsel, Schiffsmodelle und Kapitänsbilder aus der Blüte der Segelschiffahrt in Zingst.
(Farbige Abbildung siehe Seite 74)

Das Anwesen des Darß-Museums ist für sich schon einen Besuch wert (78)

Mönchguter Museum Göhren auf Rügen: Museumsschiff Motorsegler »Luise«, 1906 in den Niederlanden erbaut (80)

80 Mönchguter Museum Göhren auf Rügen

Anschrift und Auskunft: Strandstraße, D-18586 Göhren
Telefon: (038308) 2175
Öffnungszeiten: Pfingsten bis September: täglich außer Dienstag 10-17 Uhr; Oktober bis April geschlossen
Lage und Erreichbarkeit: das Museumsschiff liegt hinter den Dünen am Südstrand

Das Heimatmuseum und das benachbarte Rookhuus sind Bauern- und Fischerhäuser, deren Entstehungszeit bis auf das 18. Jahrhundert zurückgeht. Der Motorsegler *»Luise«*, 1906 als eisernes Plattbodenschiff in den Niederlanden gebaut, dient als Museumsschiff und Zeuge der traditionellen rügenschen Frachtschiffahrt. Es zeigt die originalen Antriebsmittel, die Unterkünfte und den Laderaum.

81 Marinemuseum Dänholm

Anschrift und Auskunft: Dänholm, Sternschanze, D-18439 Stralsund
Telefon: (03831) 297327
Öffnungszeiten: täglich, außer Montag, 10-17 Uhr
Lage und Erreichbarkeit: auf der Insel Dänholm, zwischen Stralsund und Rügen, über den Rügendamm zu erreichen; mit Pkw auf Dänholm am Bahnübergang von der B 96 abbiegen und Hinweisschildern folgen, Parkmöglichkeiten;
Städtische Buslinien 1, 2; zu Fuß vom Seglerhafen an der Volkswerft

Von Marineangehörigen unterstützt und 1992 eröffnet, umfaßt das Museum die Marine- und Militärgeschichte von Dänholm, Stralsund und Vorpommern, dazu eine Abteilung zur Seefliegerei und zur Seenotrettung.

Im Freigelände sind Torpedos, Minen und Raketen ausgestellt. Führungen nach Anmeldung, eigene Schriftenreihe.

Räumgeräte vor dem Marinemuseum in Dänholm (81)

82 Deutsches Museum für Meereskunde und Fischerei

Anschrift und Auskunft: Katharinenberg 14-20, D-18439 Stralsund
Telefon: (03831) 295135
Fax: (03831) 292217
Öffnungszeiten: Mai bis Oktober: täglich 10-17 Uhr; Juli und August: von Montag bis Donnerstag zusätzlich verlängert auf 9-18 Uhr; November bis April: Dienstag bis Sonntag 10-17 Uhr, Montag geschlossen
Lage und Erreichbarkeit: in der Altstadt, zu Fuß vom Bahnhof; behindertengerecht, auch mit speziellen Führungen

Schriftenreihe »Meer und Museum«

Das große Spezialmuseum ist einzigartig in Mitteleuropa und weit über die Landesgrenzen hinaus bekannt. Seine modernen Ausstellungen zur Meereskunde, Meeresbiologie, Seefischerei, Mensch und Meer sowie zur Flora und Fauna der Ostseeküste geben vielfältige Einblicke in das

Ausschnitt aus der Grafik, die die Innenräume des Deutschen Museums für Meereskunde und Fischerei zeigt; vgl. Seite 2/3 (82)

Leben im Meer und seine Nutzung und Erforschung durch den Menschen. Eine besondere Attraktion ist das Meeresaquarium. In etwa 300000 Liter Seewasser tummeln sich Haie, Seepferdchen, Rotfeuerfische und Meeresschildkröten.
(Große Grafik siehe Seite 2/3)

83 Strolsunner Klüverboom Commün Traditionshafen Stralsund

Anschrift und Auskunft: Gustav-Ewald-Straße 5, D-18437 Stralsund
Telefon: (03831) 495729
Lage und Erreichbarkeit: frei zugänglicher Kai im Stralsunder Hafen am Querkanal und Badenkanal

Der Verein »Strolsunner Klüverboom Commün« besteht seit 1991 und bezog nach der Sanierung des Uferbereichs etwa 150 m Kai für die Schiffe des Vereins. Seine Schwerpunkte sind Kleinfahrzeuge der Fischerei und der Küstenfahrt, vor allem die Zeesboote, die regionalen Fischerboote, die auf Schautafeln vorgestellt werden. Im Sommer, wenn einheimische Boote auf Fahrt gehen, füllt sich der Hafen mit den Schiffen vieler Gäste.

84 Museumshafen Greifswald

Anschrift und Auskunft: Dr. R. Bach, Haus 9, D-17498 Klein Petershagen

Der Museumshafen, Teil des alten Greifswalder Hafens, versteht sich als Sammelpunkt für Traditionsschiffe. Veranstaltungen unter Beteiligung verschiedener Schiffe werden durchgeführt.

Historische Schiffe im Querkanal des Traditionshafens von Stralsund (83)

85 Binnenschiffahrts-Museum Oderberg/Mark

Anschrift und Auskunft: Hermann-Seidel-Straße 44, D-16248 Oderberg/Mark
Telefon: (033369) 470
Öffnungszeiten: Oktober bis April: täglich 9-12 und 14-16 Uhr; Mai bis September: täglich 9-16 Uhr
Lage und Erreichbarkeit: DB-Bahnhof Oderberg, oder mit dem Bus von Eberswalde, Angermünde oder Bad Freienwalde;
Pkw: Landstraße von Eberswalde, Angermünde oder Bad Freienwalde

Das 1954 gegründete Museum im märkischen Oderberg widmet sich der Regionalgeschichte des Niederoderbruchs. Die Binnenschiffahrt auf Oder, Havel und Spree, der Bau von Wasserstraßen wie dem Havel-Kanal und die Fischerei zählen zu den Themen des Museums.
Der Seitenraddampfer *Riesa*, heute an Land, wurde vom Museum vor der Verschrottung gerettet und restauriert.

Hingewiesen sei auch auf das **Schiffshebewerk Niederfinow** am Oder Havel Kanal.

86 Rheinmuseum Emmerich

Anschrift und Auskunft: Martinikirchgang 2, D-46446 Emmerich
Telefon: (02822) 75400
Öffnungszeiten: Montag bis Mittwoch 10-12.30 und 14-16 Uhr, Donnerstag 10-12.30 und 14-18 Uhr, Freitag und Sonntag 10-12.30 Uhr
Lage und Erreichbarkeit: DB-Bahnhof Emmerich, von dort mit Bus;
Pkw: Autobahn A 3, Ausfahrt Emmerich

Das Museum verfügt über eine Bibliothek zu den Themen Rheinlaufgeschichte und Schiffahrt.

Das Rheinmuseum in Emmerich ist das größte Schiffahrtsmuseum am Niederrhein. 1964 gegründet, bietet das Museum einen Einblick in die Rhein- und Schiffahrtsgeschichte. Über 120 Schiffsmodelle vom Einbaum bis zum Schubverband, Fährmodelle, nautisches Gerät oder Fischereifahrzeuge sind nur ein kleiner Ausschnitt aus dem Spektrum des Museums.
(Farbige Abbildungen siehe Seite 76)

Der Seitenraddampfer »Riesa« liegt heute auf dem Gelände des Binnenschiffahrts-Museums von Oderberg (85)

Westpreußisches Landesmuseum, Münster-Wolbeck: Modell der »Borussia«, des ersten, in Preußen gebauten eisernen Seeschraubendampfers; Elbing, 1855 (87)

87 Westpreußisches Landesmuseum

Anschrift und Auskunft: Schloß Wolbeck (Drostenhof), Am Steintor 5, D-48167 Münster
Telefon: (02506) 2550 (Museum); (0251) 523424 (Geschäftsstelle)
Fax: (0251) 533830
Öffnungszeiten: Dienstag bis Sonntag 10-18 Uhr
Lage und Erreichbarkeit: vom Bahnhof Münster mit Stadtbuslinie 8 bis Münster-Wolbeck/Markt oder 320/330 bis Wolbeck-Sültemeyer;
Pkw: Autobahn A 43/1, Kreuz Münster-Süd, von dort Umgehungsstraße B 51 a bis Abfahrt Wolbecker Straße, bis Wolbeck-Mitte zum Marktplatz

Das Westpreußische Landesmuseum wurde 1975 gegründet und bietet kulturhistorische Ausstellungen über Westpreußen und Danzig. Einen festen Bestandteil der Ausstellungen bilden Schiffsbau und Schiffahrt. Schiffsmodelle wie Koggen aus Elbing und Danzig aus dem 13. Jahrhundert oder ein Dampfbagger aus dem Jahre 1841 verdeutlichen verschiedene Epochen der Schiffahrt an der unteren Weichsel.
(Farbige Abbildung siehe Seite 77)

Westpreußisches Landesmuseum, Münster-Wolbeck: Vitrine mit Schiffsmodellen (87)

88 Schiffs- und Marinemuseum Senden

Anschrift und Auskunft: Kanalstraße 24-30, D-48308 Senden
Telefon: (02597) 8320
Öffnungszeiten: März bis Buß- und Bettag: Dienstag bis Samstag 10-13 und 14.30-18 Uhr, Sonntag 10-18 Uhr; Buß- und Bettag – Februar: Samstag 10-13 und 14.30-18 Uhr, Sonntag 10-18 Uhr; vom 2. Sonntag im Dezember bis 1. Sonntag im Januar geschlossen
Lage und Erreichbarkeit: Autobahn A 43 (Münster–Herne), Ausfahrt Senden, von dort über Bundesstraße 235 nach Senden; in Senden ist der Weg zum Museum ausgeschildert

Im 1983 eröffneten, privaten Schiffsmuseum in Senden erzählen rund 2000 Exponate aus der Geschichte der Seefahrt. Schiffsinstrumente, Schiffsmodelle und Buddelschiffe, Fischfanggeräte, Waffen zur See oder eine Muschelsammlung sind nur einige der sehenswerten Objekte in Museum.

Das Museum widmet sich aber auch einzelnen Themen wie »Wikingern« oder »Freibeutern und Piraten«, zeigt außerdem das Orginal-Führerhaus eines Binnenschiffes, sowie eine komplette Segelmacherwerkstatt, und bietet immer wieder wechselnde Sonderausstellungen und Aktivitäten.

(Weitere Abbildung siehe Seite 138)

Im Sendener Schiffs- und Marinemuseum gibt es viel zu entdekken; kein Wunder, bei immerhin rund 2.000 Exponaten (88)

Sylter Heimatmuseum: Galionsfigur (1)

»U 995« am Marine-Ehrenmal in Laboe; das U-Boot vom Typ VII C wurde 1972 aufgestellt und ist als Technik-Museum eingerichtet (13)

Wikinger Museum Haithabu: Das wikingerzeitliche Langschiff ist in der Schiffshalle wiederaufgebaut (8)

Im Küstenmuseum auf Juist ist dieses Modell eines Plattbodenschiffs ausgestellt; gut zu erkennen ist eines der beiden seitlichen Schwerter (25)

Altonaer Museum, Norddeutsches Landesmuseum, Hamburg: Großmodell eines Ewers (64)

Buddelschiff-Museum, Neuharlingersiel: Modell der »Adler von Lübeck«, 1565/66; s. a. Seite 44/45 (28)

Blick auf das Deutsche Schiffahrtsmuseum in Bremerhaven; im Vordergrund ist die »Seute Deern« zu erkennen, die in der Abbildung unten in einer Nahaufnahme zu sehen ist (32)

Übersee-Museum, Bremen: Innenansicht mit verschiedenen Bootstypen (42)

Museum für Völkerkunde, Berlin: Bug eines Yami-Bootes (104)

Stadtgeschichtliches Museum Wismar: Schwedenkopf genanntes Seezeichen der Wismarer Hafeneinfahrt, um 1800 (74)

Museum für Hamburgische Geschichte, Hamburg: Heckfigur des Convoyers »Admiral«, 18. Jh. (60)

Heimatmuseum Zingst: Immer wieder war die Schiffahrt auch ein Thema in der Malerei, wie diese und die drei weiteren Abbildungen beweisen (79)

Stadtmuseum »Alte Burg«, Wittenberge: Gemälde der Bark »Achilles« von A. Lasczky, Öl/Lw, 1872 (72)

Flößermuseum Unterrodach, Marktrodach: Darstellung eines Rheinfloßes auf der Höhe von Unkel; die Flöße waren bis 400 m lang und 80 m breit (132)

Heimatmuseum Prien am Chiemsee: »Fischerhäuschen auf Frauenchiemsee«, G. R. Falkenberg, Öl/Lw, 1903 (140)

Rheinmuseum Emmerich (86):

Modell des schnellsten, aber auch letzten Rheinschiffes unter Segel (19. Jh.)

Modell eines Rheintauers

Westpreußisches Landesmuseum, Münster: Modell der Galiot »Stadt Elbing«, 1738; Länge 200 cm, Höhe 160 cm, Breite 40 cm (87)

Museum der Deutschen Binnenschiffahrt, Duisburg (91): Modell der Tjalk »Maria«, 19. Jh. (oben); Diorama eines Treidelzuges am Niederrhein (unten)

Museum für Verkehr und Technik, Berlin: Modell des brandenburgischen Zwei-Deckers »Friedrich Wilhelm zu Pferde«, 1681 (103)

Verkehrsmuseum Dresden: Modell des Fünfmast-Vollschiffs »Preussen«; Maßstab: 1:100; die »Preussen« lief 1902 vom Stapel (111)

Schiffahrts- und Schiffbaumuseum Wörth am Main: Modell des Schleppers »Franken« (123)

Deutsches Postmuseum, Frankfurt am Main: Modell des Kabellegers »Faraday«, 1874 (120)

Donau-Schiffahrts-Museum Regensburg (135):
Museumsschiff »Ruthof« am Liegeplatz (oben);
Blick auf die Maschine im Museumsschiff »Ruthof« (unten)

Kreismuseum Mühldorf am Inn (137):
Modell des Inn-Dampfers »Vorwärts« (oben);
Teil vom Modell eines Schiffzugs der »Nebenbei«, um 1800 (unten);
beide Modelle sind im Maßstab 1:100

Oberhausmuseum, Passau: Holzwappen mit Darstellung von Salzschiffern (144)

Schiffahrtsmuseum Spitz an der Donau (153):
Schiffertragorgel von 1697 (oben);
ältester Holzschiffsfund der oberen Donau, Untergangsjahr 1810
(unten)

Verkehrsmuseum Nürnberg: Modell des Seitenraddampfers »Lindau« (133)

Deutsches Museum, München: Maschine eines Torpedobootes (138)

Fischerei- und Donaumuseum Orth (159):
Figurinen von einem Schiffszug (Treiberzug; oben);
Zinnfigurendiorama »Donauübergang Prinz Eugens bei Belgrad 1717« (unten)

Verkehrshaus der Schweiz, Luzern (163):
Blick auf das moderne Hauptgebäude des Museums (oben);
zwei Modelle der Gegenwart: Linien- und Kreuzfahrtschiffe (unten)

Das Schiffshebewerk Henrichenburg in den ersten Jahren nach seiner Indienststellung (89)

89 Westfälisches Industriemuseum, Altes Schiffshebewerk Henrichenburg, Waltrop

Anschrift und Auskunft: Am Hebewerk 2, D-45731 Waltrop
Telefon: (02363) 9707-0
Öffnungszeiten: Dienstag bis Sonntag 10-18 Uhr (letzter Einlaß 17.30 Uhr)
Lage und Erreichbarkeit: Autobahn A 2, Ausfahrt Castrop-Rauxel/Henrichenburg, dann Bundesstraße 235 Richtung Datteln; den Schildern ›Schiffshebewerk‹ folgen

Das Schiffshebewerk Henrichenburg diente der Überwindung einer 14 m hohen Geländestufe im Verlauf des Dortmund-Ems-Kanales.
Eröffnet 1899, wurde das Hebewerk 1962 durch ein neues ersetzt. 1969/70 wurde es endgültig stillgelegt. 1992 konnte das zwischenzeitlich vom Verfall bedrohte Hebewerk als Museum eingeweiht werden.
Das Museum besteht z. Zt. aus dem technischen Denkmal »Hebewerk«, aus einer Ausstellung in Teilen des früheren Betriebsgebäudes und einer Museumsflotte.
Die Museumsflotte liegt derzeit im Unterwasser des Hebewerkes und wird restauriert. Das Motorgüterschiff *Franz Christian* kann besichtigt werden.

90 Haniel-Museum Duisburg

Anschrift und Auskunft: Firmenmuseum Franz Haniel & Cie. GmbH, Franz-Haniel-Platz 1, D-47119 Duisburg-Ruhrort
Telefon: (0203) 806-242
Öffnungszeiten: nach Vereinbarung
Lage und Erreichbarkeit: vom Hbf mit der Straßenbahn Richtung Ruhrort bis zur Haltestelle »Bergiusstraße«

Das Haniel-Museum zeigt die Geschichte des Handelshauses Haniel und würdigt Leben und Werk des Unternehmers und Industriellen Franz Haniel (1779-1868). Dabei spielt die Geschichte des Hafens Ruhrort ebenso eine Rolle wie die Unternehmungen Haniels im Bereich Bergbau, Hüttenwesen und Schiffbau.
Die Schiffahrtsabteilung zeigt Schiffsmodelle, Pläne, Gerätschaften und künstlerische Darstellungen der Binnenschiffahrt.

91 Museum der Deutschen Binnenschiffahrt Duisburg-Ruhrort, Museumsschiffe Oscar Huber und Minden

Anschrift und Auskunft: Dammstraße 11, D-47119 Duisburg
Telefon: (0203) 283-3044
Fax: (0203) 283-4303
Öffnungszeiten: Dienstag, Freitag bis Sonntag 10-17 Uhr, Mittwoch und Donnerstag 10-16 Uhr; die Museumsschiffe sind von Oktober bis März geschlossen
Lage und Erreichbarkeit: Straßenbahn-Linie 901 nach Obermarxloh oder Laar bis Friedrichsplatz

Das Museum verfügt über eine Bibliothek zum Thema Binnenschiffahrt.

Den Schwerpunkt des Museums in Duisburg-Ruhrort bildet die Schiffahrt auf dem Rhein, aber auch auf den übrigen Binnengewässern Deutschlands. Das Museum verfügt über eine umfangreiche Ausstellung zum Thema Binnenschiffahrt mit imposanten Modellen und wurde schrittweise zwischen 1979 und 1991 »an Land« im früheren Rathaus von Ruhrort eingerichtet.
Bereits 1974 wurde das Museum im Radschleppdampfer *Oscar Huber*, 1922, eröffnet, der zusammen mit dem zweiten Museumsschiff *Minden*, 1882, zu den besonderen Attraktionen des Museums zählt.
(Farbige Abbildungen siehe Seite 78)

Radschleppdampfer »Oscar Huber«, 1922, vor der Kulisse des Hafens Duisburg-Ruhrort (91)

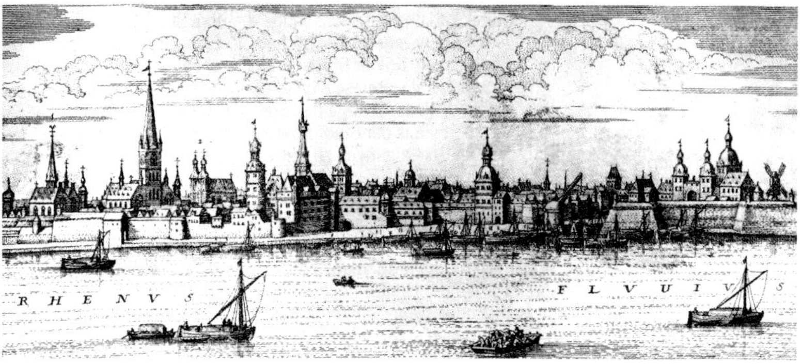

Lebhaften Schiffsverkehr auf dem Rhein bei Düsseldorf dokumentierte Matthäus Merian schon 1647 (92)

92 Schiffahrt-Museum des Stadtmuseums Düsseldorf

Anschrift und Auskunft: Schiffahrt-Museum, Schloßturm, Burgplatz 30, D-40213 Düsseldorf
Telefon: (0211) 8996170 oder 8996165 (Stadtmuseum)
Öffnungszeiten: Freitag und Samstag 14-18 Uhr, Sonntag 11-18
Lage und Erreichbarkeit: vom Hbf mit den U-Bahnen 75, 78, 79 bis zur Haltestelle »Heinrich-Heine-Allee«; von dort in 5 Minuten durch die Fingerstraße zum Burgplatz

In der Bibliothek des Stadtmuseums (Bäckerstraße 7-9) sind auch Publikationen über die Binnenschiffahrt vorhanden. Ein Katalog der Bestände des früheren Schiffahrtsmuseums besteht aus dem Jahre 1965.

Die Schiffahrtsabteilung im stadtgeschichtlichen Museum in Düsseldorf blickt auf eine wechselhafte Geschichte zurück: das schon 1874 gegründete historische Museum arbeitete seit 1935 am Aufbau eines Schiffahrtsmuseums.
Nach den Kriegszerstörungen konnte die Schiffahrtssammlung im Schloßturm am Burgplatz wieder eröffnet werden.
Die Sammlung umfaßt Modelle, Schiffsgerät sowie eine Sammlung von Bild- und Textdokumenten zum Thema Binnenschiffahrt, insbesondere zur Rheinschiffahrt.
Rund 120 Schiffsmodelle lassen vor allem die Rheinschiffahrt lebendig werden: vom Neumagener Römerschiff spannt sich der zeitliche Bogen über verschiedenste Segelschiffe bis hin zu neuzeitlichen Motorschiffen. Auch Spezialfahrzeuge für den Wasserbau im Rhein oder Kräne fehlen nicht.

93 Kölnisches Stadtmuseum

Anschrift und Auskunft: Zeughausstraße 1-3, D-50667 Köln
Telefon: (0221) 221-2352
Fax: (0221) 221-4151
Öffnungszeiten: Dienstag bis Freitag 10-16 Uhr, Samstag und Sonntag 11-16 Uhr
Lage und Erreichbarkeit: 5 Gehminuten vom Hauptbahnhof Köln, U-Bahn-Haltestelle »Appellhofplatz/Zeughaus«

Das Kölnische Stadtmuseum, 1888 als historisches Stadtmuseum gegründet, befindet sich seit 1958 im wiederaufgebauten Zeughaus. Das Museum, das sich der Geschichte der Stadt Köln widmet, besitzt eine Modellsammlung von Rheinschiffen aus dem Mittelalter bis ins 19. Jahrhundert, von der zur Zeit nur einige Beispiele ausgestellt sind.
(Abbildung siehe Seite 92)

Kölnisches Stadtmuseum: Kölner Aak, 16. Jahrhundert (93)

Lage und Erreichbarkeit: etwa 5 Gehminuten vom Hauptbahnhof Köln entfernt in der Kölner Altstadt

94 Rheinisch-Westfälisches Wirtschaftsarchiv zu Köln

Anschrift und Auskunft: Unter Sachsenhausen 10-26, D-50667 Köln
Telefon: (0221) 1640106
Öffnungszeiten: Montag, Dienstag, Donnerstag 9.30-16.30 Uhr; Mittwoch 9.30-13 Uhr; Freitag 9.30-15.30 Uhr

Das Rheinisch-Westfälische Wirtschaftsarchiv zu Köln verfügt heute über den Bestand *Gutehoffnungshütte*, hervorgegangen aus der »Hüttengewerkschaft und Handlung Jacobi, Haniel & Huyssen«.
Neben den Innovationen im Berg- und Hüttenwesen engagierte sich die Firma besonders im Maschinen- und Schiffbau, z.B. im Bau von Rheindampfschiffen und kompletten Eisenschiffen.
Der umfangreiche Bestand enthält Akten, Geschäftsbücher, Pläne, Karten, technische Zeichnungen und Fotografien.

Illustration aus dem Heimat- und Heringsfängermuseum Heimsen (95)

95 Heimat- und Heringsfängermuseum Heimsen, Petershagen

Anschrift und Auskunft: Am Mühlenbach 11, D-32469 Petershagen
Telefon: (05768) 479
Öffnungszeiten: jeden 2. und 4. Sonntag im Monat: 14-17 Uhr
Lage und Erreichbarkeit: DB-Bahnhöfe Minden und Nienburg, von dort Busverbindung;
Pkw: Bundesstraße B 482 bis Ausfahrt Döhren oder Wasserstraße, von dort nach Heimsen (Ortsteil von Petershagen).

Ein Archiv mit einer Photo-, Dokumenten- und Literatursammlung ist dem Museum angeschlossen.

Seit 1985 wurde das Heimat- und Heringsfängermuseum in Heimsen aufgebaut. Es zeigt einerseits die Lebens- und Arbeitswelt der Heringsfänger auf See, zum anderen widmet es sich der Heimat der Heringsfänger an Land. Das Museum verfügt über mehrere Abteilungen mit Themen wie »Männer von der Mittelweser auf Heringsfang«, »Logger und Fangmethoden« oder »Heringsfänger und Marine – schicksalhafte Verbindung«.

96 Informationszentrum des Wasser- und Schiffahrtsamtes Minden

Anschrift und Auskunft: Am Hohen Ufer 1, D-32425 Minden
Telefon: (0571) 402311
Öffnungszeiten: April bis Oktober: Montag bis Samstag 9-17 Uhr, Sonntag 9-18 Uhr
Lage und Erreichbarkeit: das Informationszentrum befindet sich direkt an der Schachtschleuse Minden

Das Informationszentrum wurde 1990 eröffnet. Die Ausstellung soll informieren über das umweltfreundliche Verkehrssystem Binnenschiff/Wasserstraße, das deutsche Binnenwasserstraßennetz mit Schwerpunkt Ausbau des Mittellandkanales und der Mittelweser sowie über Aufgaben und Organisation der Wasser- und Schiffahrtsverwaltung des Bundes.
Weiter unterrichtet das Informationszentrum mit Grafiken, Bildern und Modellen über die Binnenschiffahrt.

Das Informationszentrum in Minden dokumentiert auch das Wasserstraßenkreuz Mittellandkanal/Weser (96)

97 Historisches Museum am Hohen Ufer, Hannover

Anschrift und Auskunft: Pferdestraße 6, D-30159 Hannover
Telefon: (0511) 168-2352
Fax: (0511) 168-5003
Öffnungszeiten: Dienstag 10-20 Uhr, Mittwoch bis Freitag 10-16 Uhr, Samstag, Sonntag 10-18 Uhr
Lage und Erreichbarkeit: U-Bahn-Station Markthalle, Linien 3, 7 und 9;
Pkw: Stadtmitte, Hochgaragen und Parkplatz Leibniz-Ufer

Die dem Museum angeschlossene Bibliothek verfügt über einige Bände zur Regionalgeschichte der Schiffahrt.

Das Historische Museum am Hohen Ufer in Hannover beschäftigt sich mit der Geschichte der Stadt Hannover und der Niedersächsischen Landesgeschichte.
Es verfügt auch über ein besonders bemerkenswertes Schiffsmodell: das Modell der *Royal George*, einem englischen Linienschiff, das 1715 gebaut wurde.
Das sorgfältig gebaute und detailliert ausgestattete Modell im englischen Maßstab 1:48 ist das älteste erhaltene Schiffsmodell in voller Takelage; es wurde 1744 von Friedrich Ludwig Prince of Wales der Universität Göttingen geschenkt.
In der Studiensammlung des Museums kann (nach Voranmeldung) ein weiteres Schiffsmodell besichtigt werden: das etwa 4m lange Modell des Raddampfers *Welf*, dessen Vorbild für eine Ostafrika-Expedition in den Jahren 1863/64 in Hamburg gebaut wurde.
(Abbildungen siehe Seite 95 und auf dem Einband vorne)

98 Heimatmuseum Bodenwerder

Anschrift und Auskunft: Münchhausenplatz 3, D-37619 Bodenwerder
Telefon: (05533) 405-41
Öffnungszeiten: Mitte April bis Oktober: täglich 9.30-12 und 14-17 Uhr
Lage und Erreichbarkeit: an bestimmten Tagen (siehe DB-Kursbuch, Strecke Nr. 12364) Museumsbahnverkehr von Emmertal oder Vorwohle nach Bodenwerder;
Pkw: Bundesstraße 83 von Höxter oder Hameln

Die Geschichte Bodenwerders am Zusammenfluß von Weser und Lenne ist nicht nur mit Münchhausen, sondern auch mit der Weserschiffahrt eng verbunden, wie u.a. im Heimatmuseum zu sehen ist.

99 Heimat- und Schiffahrtsmuseum Heinsen

Anschrift und Auskunft: Weserstraße 22, D-37649 Heinsen
Telefon: (05535) 1434 oder 578 (Gemeindeverwaltung)
Öffnungszeiten: Mai bis Oktober: Sonntag 15-16 Uhr
Lage und Erreichbarkeit: Bundesstraße 83 von Höxter oder Hameln bis Heinsen

Seit 1991 ist das Museum in Heinsen in seinen neuen Räumen untergebracht. Die Heimatgeschichte des Ortes ist fest verbunden mit der Geschichte der Schiffahrt auf der Oberweser. So zeigt die Sammlung verschiedene Weserschiffe und widmet sich den Themen Schiffsbau, Flößerei sowie Leben und Arbeit der Schiffer.

Historisches Museum am Hohen Ufer, Hannover: Modell der »Royal George« (97)

100 Museumsschiff Stör, Holzminden

Anschrift und Auskunft: An der Weserbrücke, D-37603 Holzminden
Telefon: (05531) 707-276 oder 9590
Öffnungszeiten: Mai bis Oktober: Samstag 14-16 Uhr, Sonntag 10.30-12.30 Uhr
Lage und Erreichbarkeit: DB-Bahnhof: Holzminden;
Pkw: Bundesstraße 83 von Höxter oder Landstraße von Göttingen über Uslar

Das Motorschiff *Stör* kam 1937 in Fahrt und verkehrte zwischen Hameln und Hannoversch-Münden. Das 1983 außer Dienst gestellte Schiff wurde 1987 als Museum zugänglich gemacht.

101 Heimatmuseum Tangermünde

Anschrift und Auskunft: Museum, Am Markt, D-39590 Tangermünde
Telefon: über Stadtarchiv Tangermünde (039322) 3216
Öffnungszeiten: Dienstag bis Sonntag 10-17 Uhr, montags geschlossen
Lage und Erreichbarkeit: im Rathaus, mit öffentlichen Verkehrsmitteln, Bus oder Bahn von Stendal/Rathenow;
mit dem Pkw auf der B 188

Nach wechselvoller Geschichte wurde das Heimatmuseum im Rathaus von Tangermünde, einem der schönsten Bauwerke der norddeutschen Backsteingotik (um 1430), seit 1990 mit Fördermitteln des Landes Sachsen-Anhalt renoviert.
Einer der größten Räume des Museums ist der Elbschiffahrt und der Rolle Tangermündes im Schiffsverkehr zwischen Hamburg und Magdeburg gewidmet, welcher in Modellen von Rahsegelkähnen und Kettenschleppdampfern veranschaulicht wird.

102 Museum Brandenburg

Anschrift und Auskunft: Ritterstraße 96, D-14770 Brandenburg an der Havel
Telefon: (03381) 522048 und 223987
Öffnungszeiten: Mittwoch bis Freitag 9-17 Uhr, Samstag, Sonntag 10-17 Uhr
Lage und Erreichbarkeit: DB-Bahnhof Brandenburg (Hbf./Stadt)
Pkw: Autobahn A 2, Ausfahrt Brandenburg, über Bundesstraße 102 nach Brandenburg

Brandenburg liegt an der Havel; die Havelschiffahrt war also naturgemäß für die Stadt von einiger Bedeutung. So widmet sich das Museum der Havel als Verkehrsweg mit Schiffen und Schiffsmodellen. Auch Modelle der früheren Schiffahrtsschule in Lehnin finden sich darunter.

103 Museum für Verkehr und Technik

Anschrift und Auskunft: Trebbiner Straße 9, D-10963 Berlin
Telefon: (030) 25484-0
Fax: (030) 25484-175
Öffnungszeiten: Dienstag bis Freitag 9-17.30 Uhr, Montag geschlossen, Samstag, Sonntag 10-18 Uhr, Feiertagsregelungen bitte erfragen;
Bibliothek, Archiv Dienstag und Donnerstag 13-17.30 Uhr
Lage und Erreichbarkeit: U-Bahnhaltestelle Möckernbrücke oder Gleisdreieck, S-Bahnhaltestelle Anhalter Bahnhof

Seit 1982 entsteht in historischen Gebäuden auf dem Gelände des ehemaligen Anhalter Güterbahnhofs das Museum für Verkehr und Technik. Die Schiffahrtsabteilung hat die Nachfolge des ehemaligen Museums für Meereskunde angetreten. Sie zeigt, bisher noch proviso-

Museum für Verkehr und Technik, Berlin: Kriegsgefangenenmodell eines 3-Deck-Linienschiffes britischer Bauweise Anfang 19. Jahrhundert, gefertigt aus Knochen und Elfenbein (103)

risch, die Brandenburgisch-preußische Marinepolitik, Dampf- und Binnenschiffahrt, eine Sammlung von Navigationsinstrumenten sowie den Wasserbau.
Für eine neu geplante, 6000 qm große Ausstellungshalle der Abteilung Schiffahrt (Baubeginn 1994) wird eine umfangreiche Modell- und Objektsammlung aufgebaut, die alle, auch internationale Aspekte der Schiffahrtsgeschichte umfassen wird.
Das Museum unterhält zwei Schiffe, den Schlepper *Volldampf* (1896) und das älteste noch erhaltene Berliner Fahrgastschiff, die *Kaiser Friedrich* (1886).
(Farbige Abbildung siehe Seite 79)

104 Museum für Völkerkunde Berlin – Staatliche Museen zu Berlin – Preußischer Kulturbesitz

Anschrift und Auskunft: Arnimallee 27, D-14195 Berlin
Telefon: (030) 8301226
Fax: (030) 8315972
Öffnungszeiten: Dienstag bis Freitag 9-17 Uhr, Samstag, Sonntag 10-17 Uhr
Lage und Erreichbarkeit: U-Bahnhof Dahlem-Dorf, Bus 110, 180
Katalog »Boote aus aller Welt«, Führungen nach Vereinbarung.

Ursprünglich das Kunst- und Raritätenkabinett des Großen Kurfürsten von Brandenburg, zeigt das Völkerkundemuseum seit 1873 auch Sammlungen von Booten und Modellen in allen Abteilungen, besonders in der Bootshalle der Südseeabteilung.
(Farbige Abbildung siehe Seite 71)

105 Museumshafen Berlin

Anschrift und Auskunft: Verein Berliner Schiffahrtsgesellschaft e.V., Bamberger Straße 58, D-10777 Berlin
Telefon: (030) 2138041
Fax: (030) 2138042
Öffnungszeiten: Mai bis September: Dienstag bis Freitag 14-18 Uhr, Samstag, Sonntag 11-18 Uhr
Lage und Erreichbarkeit: Märkisches Ufer, am Märkischen Museum, Berlin Mitte; U-Bahn Märkisches Museum, S-Bahn Jannowitzbrücke

Der 1990 gegründete Verein Berliner Schiffahrtsgesellschaft widmet sich dem Aufbau und dem Betrieb eines historischen Hafens in Berlin. An einem 1994 bezogenen Liegeplatz neben der Mühlendammschleuse versammelt er eine beachtliche Anzahl von Maßkähnen aus Berlin, Finow und der Saale sowie Schlepper und Passagierschiffe.

Blick auf einige historische Schiffe im Museumshafen Berlin (105)

Im Museum von Schönebeck ist das Original einer Kajüte eines Kaffenkahns aus den 80er Jahren des 19. Jh. zu bewundern (107)

106 Elbschleppdampfer Württemberg, Magdeburg

Anschrift und Auskunft: Magdeburger Museen, Elbschleppdampfer *Württemberg,* Technikmuseum i. A., Kloster Unser Lieben Frauen, Regierungsstraße 4-6, D-39104 Magdeburg
Liegeplatz: Heinrich-Heine-Platz, D-39114 Magdeburg
Telefon: (0391) 33741
(0391) 33112 (für Führungen)
Öffnungszeiten: Freitag bis Sonntag 10-17 Uhr
Lage und Erreichbarkeit: Stadtbuslinie bis Stadtpark Rotehorn

Das seit 1976 als Museum eingerichtete Schiff war der letzte Seitenradschleppdampfer auf der Elbe. 1908/09 in Roßlau gebaut, verrichtete das Schiff bis 1974 seinen Dienst. Im Inneren des Schiffes informiert eine Ausstellung über die Geschichte der Elbschiffahrt.
(Generalplan des Elbschleppdampfers siehe Seite 100/101)

107 Museum des Landkreises Schönebeck an der Elbe

Anschrift und Auskunft: Pfännerstraße 41, D-39218 Schönebeck
Telefon: (03928) 69417
Öffnungszeiten: Dienstag bis Freitag 13-17 Uhr, Sonntag 13-17 Uhr (Winter), 14-17 Uhr (Sommer)
Lage und Erreichbarkeit: S-Bahn ab Magdeburg bis Schönebeck/Elbe; Pkw: Landstraße von Magdeburg

Das Museum verfügt über Literatur und Unterlagen u.a. zum Thema Elbschiffahrt.

Das 1924 gegründete Heimatmuseum Schönebeck befaßt sich mit der Geschichte des Landkreises Schönebeck. Hierzu zählen u.a. die Geschichte der Salzgewinnung – Schönebeck verfügte bis 1967 über eine Saline – und der Elbschiffahrt. Die Abteilung Binnenschiffahrt des Museums zeigt das Original der kompletten Schiffskajüte eines Kaffenkahnes. (Lesen Sie bitte weiter auf Seite 102)

Elbschleppdampfer Württemberg

Generalplan des Elbschleppdampfers »Württemberg«; Reproduktion einer Originalzeichnung der Bauwerft aus den Jahren 1908/09 (106)

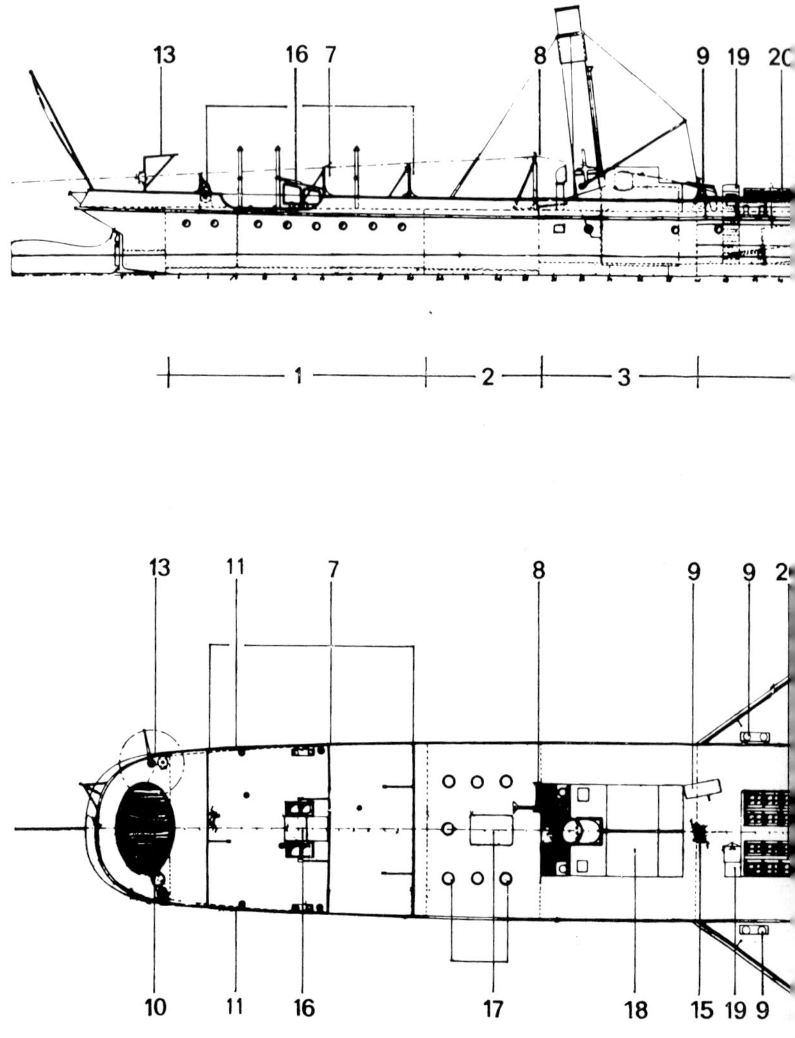

Raumeinteilung
1 Besatzungsunterkunft
2 Kohlenbunker
3 Kesselraum
4 Maschinenraum
5 Laderaum für Bordbedarf
6 Kettenkasten

Ausrüstung
7 Schleppbügel
8 Schleppbock
9 Schlepp-Poller
10 Steuergeschirr (unter der Gräting)
11 Reepleitung
12 Dampfsteuerwinde (unter der Brücke)
13 Ankerkran
14 Ankerwinde
15 Schornsteinwinde

Sonstiges
16 Niedergang
17 Kohlenbunkerluken
18 Kesselhaube
19 (Niedergang) (Maschinenraum)
20 Oberlicht (Maschinenraum)
21 Küche
22 Aborte

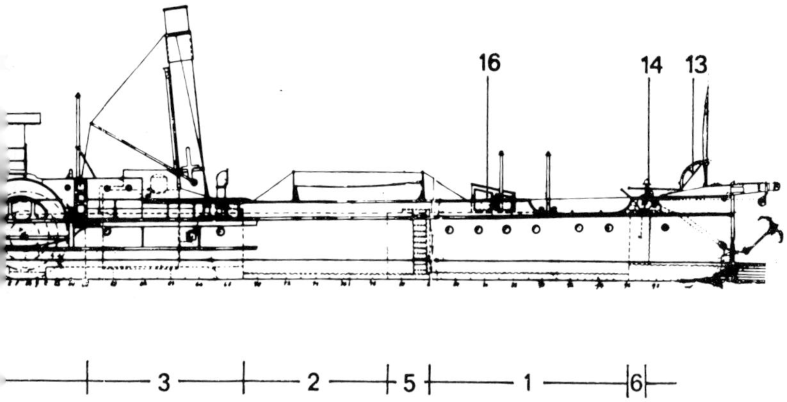

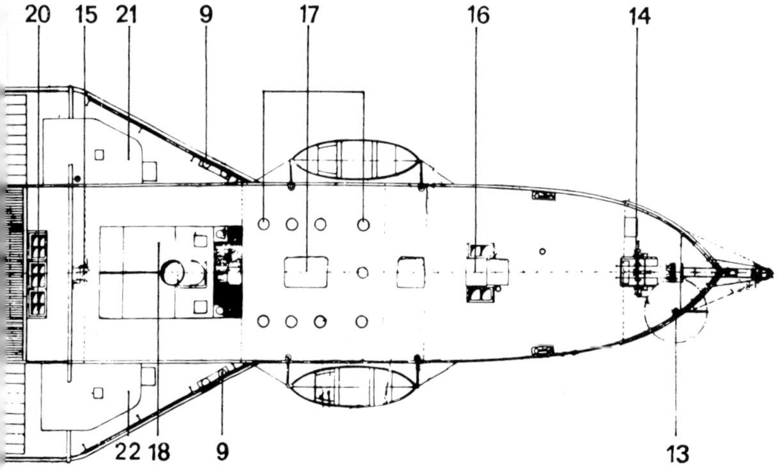

Museum des Landkreises Schönebeck: Fahne des Schiffervereins »Irene«, Groß Rosenburg, 1910-1915 (107)

Ausgestellt sind ferner eine Reihe von Modellen, vom Segelschiff über den Seiten- und Heckraddampfer bis hin zum modernen Schubschiff. Zahlreiche Gegenstände aus dem Schiffahrtsmilieu runden die Ausstellung ab.

Dem Museum ist ein Archiv zum Thema Binnenschiffahrt auf der Elbe angeschlossen.

108 Heimatmuseum Aken/Elbe

Anschrift und Auskunft: Köthener Straße 15, D-06385 Aken
Telefon: (034909) 82308 (Herr Benecke)
Öffnungszeiten: Samstag 15-17 Uhr, Sonntag 10-12 Uhr
Lage und Erreichbarkeit: DB-Bahnhof Aken; das Museum liegt an der Hauptstraße in der Stadtmitte;
Schiff: Fahrgastschiffahrt zwischen Saalhorn und Wittenberg;
Pkw: Bundesstraße 187a von Köthen und Zerbst oder von Bernburg bzw. Dessau nach Aken

Das 1926 gegründete Museum beschäftigt sich mit naturkundlichen und historischen Aspekten der Region um Aken. Dazu gehört auch eine Abteilung, die sich mit der Schiffahrt auf der Elbe befaßt. Urkunden, Bildmaterial, Werkzeuge der Schiffsbauer und Schiffsmodelle vermitteln einen Eindruck von der Entwicklung der Elbschiffahrt.

109 Stadtmuseum Mühlberg an der Elbe

Anschrift und Auskunft: Klosterstraße 9, D-04931 Mühlberg/Elbe
Telefon: (035342) 70687
Öffnungszeiten: Dienstag bis Donnerstag 13-16 Uhr, Freitag 10-14 Uhr, jeden 1. und 3. Sonntag im Monat 13-16 Uhr

Lage und Erreichbarkeit: Bundesstraße 182 von Riesa bzw. Torgau oder von Bad Liebenwerda nach Mühlberg; das Museum befindet sich im Stadtzentrum in unmittelbarer Nähe des Altstädter Marktes

Das Stadtmuseum in Mühlberg wurde 1926 gegründet und ist in der 1531 erbauten Klosterpropstei untergebracht. Neben heimatgeschichtlichen Themen widmet sich das Museum der Elbschiffahrt und der Elbfischerei.
Verschiedene Schiffsmodelle, Originalteile von Elbschiffen und das Modell einer Schiffsmühle gehören zu der Sammlung des Museums.

110 Militärhistorisches Museum der Bundeswehr, Dresden

Anschrift und Auskunft: Postanschrift: Postfach 100960, D-01076 Dresden;
Museumsanschrift: Olbrichtplatz 3, D-01099 Dresden
Telefon: (0351) 592-3250 oder 592-3253
Fax: (0351) 592-3265
Öffnungszeiten: Dienstag bis Sonntag 9-17 Uhr
Lage und Erreichbarkeit: ab Stadtzentrum Dresden mit der Straßenbahn 7 oder 8 (Richtung Weixdorf/Hellerau) bis Haltestelle Stauffenbergallee;
Pkw: Autobahn A 4, Abfahrt Dresden-Nord, von dort Richtung Zentrum, nach 1,5 km links in die Stauffenbergallee einbiegen

Das Militärhistorische Museum verfügt über eine Fotothek und ein Archiv, die nach Voranmeldung benutzt werden können. Des weiteren befindet sich im Gebäude die öffentliche Militärbibliothek Dresden.

Das Militärhistorische Museum Dresden entstand aus der seit 1897 im Arsenalhauptgebäude in der Dresdner Albertstadt öffentlich zugänglichen Arsenal-Sammlung. Nach der kriegsbedingten Schließung 1945 wurde das Museum 1972 als Armeemuseum der DDR wiedereröffnet und 1990 umbenannt. Das Museum zeigt zum Thema Kriegsmarine Originale und Schiffsmodelle. Besonders zu erwähnen ist der nach Kriegsschäden restaurierte *Brandtaucher*, das Tauchboot Wilhelm Bauers von 1851. Im Ausstellungsbereich Militärgeschichte 1933-1945 ist das Klein-U-Boot *Hecht* zu sehen, im Freigelände steht Schiffsartillerie und ein Tb-Boot der Volksmarine der DDR.

111 Verkehrsmuseum Dresden

Anschrift und Auskunft: Auguststraße 1, D-01067 Dresden
Telefon: (0351) 495-3002
Fax: (0351) 495-5036
Öffnungszeiten: Dienstag bis Sonntag 10-17 Uhr
Lage und Erreichbarkeit: das Museum befindet sich im Johanneum am Neumarkt (im Schloßbereich), Straßenbahnhaltestellen Altmarkt oder Pirnaischer Platz

Das Verkehrsmuseum besitzt eine Fachbibliothek, die auch Literatur zur Elbschiffahrt enthält. Im Archiv befinden sich u. a. Schiffspläne, Urkunden und eine Postkarten- und Fotosammlung; vorherige Anmeldung empfohlen

Das Dresdener Verkehrsmuseum befindet sich seit dem Ende der 50er Jahre im Johanneum, dessen Grundstein bereits vor über 400 Jahren gelegt wurde. In der Abteilung Schifffahrt geben Schiffsmodelle, -geräte und Schiffszubehör Auskunft über Themen wie Binnenschiffahrt, Nord- und Ostseeschiffahrt und Fährschiffahrt im Ostseeraum.

Verkehrsmuseum Dresden: Modell der Schweren Fregatte »Wappen von Hamburg«, 1669; vgl. dazu die Abbildung auf Seite 47 (111)

Nur wenige Gehminuten vom Museum entfernt liegen die Fahrgastschiffe der
»Sächsischen Dampfschiffahrt«

Anschrift und Auskunft: Lingnerallee 3, D-01069 Dresden
Telefon: (0351) 4969203

Am Terrassenufer der Elbe findet sich eine bemerkenswerte »Weiße Flotte« älterer Raddampfer, darunter *Stadt Wehlen*, 1879, *Diesbar*, 1884, mit einer Dampfmaschine von 1856, *Kurort Rathen*, 1896, *Meissen*, 1885, *Pillnitz*, 1886 u. a.; Dampferfahrten und z. T. Besichtigungen.

Schließlich sei noch auf das Staatliche Museum für Völkerkunde hingewiesen, das in seiner ethnologischen Sammlung eine Reihe von Booten aus der Südsee enthält.
(Farbige Abbildung siehe Seite 80)

112 Heimatmuseum Bad Schandau

Anschrift und Auskunft: Badallee 10, D-01814 Bad Schandau
Telefon: (035022) 2173
Öffnungszeiten: Mai bis Oktober: Dienstag 14-16 Uhr, 16-17 Uhr Führung, Donnerstag 14-17 Uhr, Samstag 9.30-12.30 Uhr; November bis April: Dienstag 14-16 Uhr, 16-17 Uhr Führung

Lage und Erreichbarkeit: DB-Bahnhof Bad Schandau;
Bundesstraße 172 von Dresden nach Bad Schandau

Die Ausgrabungsfunde auf dem Schandauer Schloßberg führten 1940 zur Gründung des Heimatmuseums im heutigen Kurort Bad Schandau.
Das Museum, das sich mit natur- und

Heimatmuseum Bad Schandau: Die Lithographie von 1850 zeigt lebhaften Schiffsverkehr auf der Elbe (112)

kulturhistorischen Aspekten von Bad Schandau und dem Elbsandsteingebirge befaßt, verfügt auch über eine Abteilung »Elbschiffahrt«.

113 Deutsches Feuerwehr-Museum, Fulda

Anschrift und Auskunft: St.-Laurentius-Straße 3, D-36041 Fulda
Telefon: (0661) 75017
Fax: (0661) 241754
Öffnungszeiten: Dienstag bis Sonntag 10-17 Uhr
Lage und Erreichbarkeit: DB-Bahnhof Fulda, ca. 20 Minuten Fußweg, oder Stadtbuslinie 1 A, 1 B oder 2; Pkw: Autobahn A 7, Abfahrt Fulda-Nord oder Fulda-Süd; von dort Richtung Stadt auf Bundesstraße 27: in Fulda beschildert

Dem Museum ist eine Bibliothek zum Thema Brandschutz angeschlossen, die Spezialliteratur zu den Themen Brände und Brandschutz im Hafen und auf See enthält (um Anmeldung wird gebeten). Jährlich erscheint ein Mitteilungsblatt.

Das Deutsche Feuerwehr-Museum, 1988 eröffnet, zeigt seine Sammlungen im Museumsgebäude in der Fuldaaue am Stadtrand. Das Museum befaßt sich mit der Geschichte des vorbeugenden und abwehrenden Brandschutzes. Neben landgebundenen Löschfahrzeugen, Spritzen oder Feuerwehrleitern beherbergt das Museum auch Feuerlöschboote mit Informationen zum Brandschutz im Hafen und auf See. Neben Modellen von Feuerlöschbooten kann das originale Feuerlöschboot *Emden I* im Freigelände des Museums besichtigt werden.
(Abbildung siehe Seite 106)

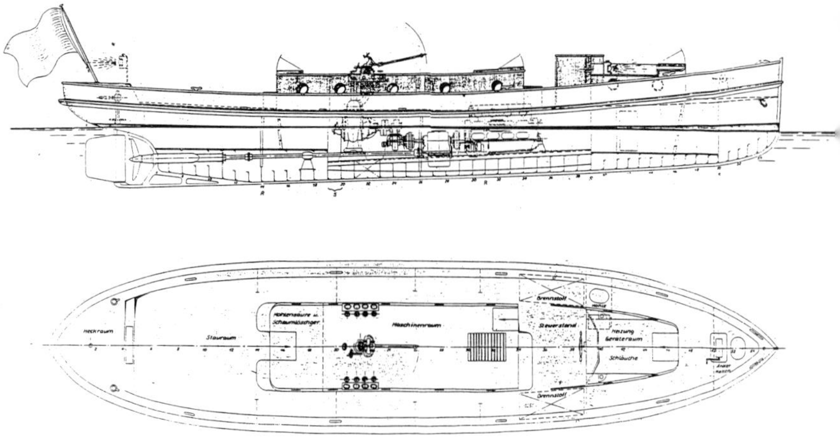

Steuerbordansicht und Draufsicht vom Feuerlöschboot »Emden I«; Deutsches Feuerwehrmuseum, Fulda (113)

114 Wehrtechnische Studiensammlung des Bundesamtes für Wehrtechnik und Beschaffung

Anschrift und Auskunft: Mayener Straße 85-87, D-56070 Koblenz
Telefon: (0261) 400-7999 (App. 431/428)
Öffnungszeiten: Täglich 9.30-16.30 Uhr (24. Dezember bis 1. Januar geschlossen)
Lage und Erreichbarkeit: mit Pkw: B 9, Abzweigung B 258 (Hinweisschilder);
Bus Linie 5/5a Langemarckplatz

Die Wehrtechnische Studiensammlung ist der Öffentlichkeit zugänglich. Das Marinegerät umfaßt ein Klein-U-Boot Typ *Seehund*, Marinechronometer, Schiffsfunkgeräte, 10,5 cm-Schiffskanone C/32, eine 15 cm-Schiffskanone SK C/28, Entfernungsmesser, einen Geschützturm OTO Melara 100 mm (funktionsfähig), eine Übersicht über die Torpedoentwicklung, Schiffsdiesel der Marke MAN und MTU, eine Schiffsdampfmaschine, einen Prototyp vom Bofors-Werfer u. a. m.
(Abbildung siehe Seite 107)

115 Rhein-Museum Koblenz

Anschrift und Auskunft: Charlottenstraße 55a, D-56077 Koblenz
Telefon: (0261) 703450
Öffnungszeiten: täglich 10-17 Uhr
Lage und Erreichbarkeit: das Museumsgebäude liegt im rechtsrheinischen Stadtteil gegenüber dem Bahnhof Ehrenbreitstein; auch zu erreichen mit den Stadtbus-Linien 8, 9 und 10

Das Museum verfügt über eine Fachbibliothek, ein Zeitschriftenarchiv und ein Fotoarchiv.

Das 1995 neu eröffnete Museum widmet sich in seinen Ausstellungen Themen wie Geschichte der Rheinschiffahrt und der Fischerei, Wasserbau, Hochwasser und Koblenz und dem Rhein.
Das Museum nimmt sich aber auch aktuellen Themen an, wie z. B. der derzeitigen Situation der Rheinbiologie und den ökologischen Verhältnissen des Stroms.

116 Flößerei- und Schiffahrtsmuseum Kamp-Bornhofen

Anschrift und Auskunft: Rathaus, D-56341 Kamp-Bornhofen
Telefon: (06773) 1358 oder 1267
Öffnungszeiten: Mai bis Oktober: Mittwoch 14.30-17.30 Uhr
Lage und Erreichbarkeit: DB-Bahnhof Kamp-Bornhofen;
Pkw: Bundesstraße 42 aus Richtung Koblenz oder Rüdesheim; das Museum befindet sich im Rathaus, wo auch das Verkehrsamt untergebracht ist

Das Museum hat den Rhein als Wasserstraße, insbesondere die Flößerei, zum Thema.

117 Heimatmuseum Oberwesel

Anschrift und Auskunft: Rathausstraße 6, D-55430 Oberwesel
Öffnungszeiten: Mai bis Oktober: Dienstag und Donnerstag 14-16.30 Uhr
Lage und Erreichbarkeit: mit der Bahn: DB-Bahnhof Oberwesel;
Anlagestelle der Köln-Düsseldorfer Rheinschiffahrt;
Pkw: Bundesstraße 9 von Bingen bzw. Koblenz bis Oberwesel

Das Museum soll in ein anderes Gebäude verlegt werden: alle Exponate sind zur Zeit ausgelagert.
Das Heimatmuseum zeigt die 2000jährige Geschichte der Stadt

Kleinst-U-Boot »Seehund«, Typ XXVII und 15-cm-Schiffskanonen SKC/28 (vom Schlachtschiff »Tirpitz«); Wehrtechnische Studiensammlung, Koblenz (114)

Oberwesel. Bestandteil dieser Geschichte ist insbesondere die Rheinschiffahrt, mit der sich das Museum schwerpunktmäßig befaßt. Schiffsmodelle und eine große Sammlung von Bildpostkarten über die rheinische Dampfschiffahrt zählen zu den Beständen.

118 Museum für Antike Schiffahrt des Römisch-Germanischen Zentralmuseums Mainz;

Anschrift und Auskunft: Postadresse und Zentralmuseum: Ernst-Ludwig-Platz 2, D-55116 Mainz;
Museum für Antike Schiffahrt: Neutorstraße 26, D-55116 Mainz
Telefon: (06131) 232231
Öffnungszeiten: Dienstag bis Sonntag 10-18 Uhr
Lage und Erreichbarkeit: S-Bahn Station Mainz-Süd

Das Römisch-Germanische Zentralmuseum in Mainz gehört zu den international führenden archäologischen Museums- und Forschungseinrichtungen.
Neben den eigentlichen Ausstellungen besitzt das Forschungsinstitut des Museums Weltruf.
In Bezug auf das Thema Schiffahrt sind die Arbeiten des Institutes zur römischen Rheinschiffahrt von besonderer Bedeutung. In den 80er Jahren konnten bei Bauarbeiten geborgene römische Flußschiffe aus dem 4. Jahrhundert n. Chr. untersucht werden.
Seit Ende 1994 sind die Exponate im neuen Museum für Antike Schiffahrt der Öffentlichkeit zugänglich.

119 Rheinisches Landesmuseum Trier

Anschrift und Auskunft: Weimarer Allee 1, D-54290 Trier
Telefon: (0651) 43588
Öffnungszeiten: Montag bis Freitag 9.30-16 Uhr, Samstag und Sonntag 9-13 Uhr
Lage und Erreichbarkeit: etwa 15 Gehminuten vom DB-Bahnhof Trier

Das Trierer Rheinische Landesmuseum zeigt vorgeschichtliche, römische und mittelalterliche Funde aus Grabungen der archäologischen Denkmalpflege.
Verschiedene Funde weisen auch auf die lange Tradition der Schiffahrt auf Mosel und Rhein hin. Zu den Prunkstücken zählt die Darstellung eines Weinschiffes aus einem Grab in Neumagen.

120 Deutsches Postmuseum Frankfurt am Main

Anschrift und Auskunft: Schaumainkai 53, D-60596 Frankfurt
Telefon: (069) 6060-0
Fax: (069) 6060-123
Öffnungszeiten: Dienstag bis Sonntag 10-17 Uhr, Mittwoch zusätzlich 17-20 Uhr;
das Postmuseum verfügt über eine Präsenzbibliothek, geöffnet Dienstag bis Freitag von 10-16 Uhr: Voranmeldung erwünscht unter (069) 6060-240
Lage und Erreichbarkeit: U-Bahn-Station Schweizer Platz, Linien U 1, U 2, U 3; Straßenbahnlinie 16, Haltestelle Schweizer-/Gartenstraße

Die Geschichte der Post begann mit der Übermittlung von Nachrichten durch Wort oder Schrift. Insbesondere die dingliche Nachrichtenübermittlung brauchte Transportmittel, also auch Schiffe.
So geht das Postmuseum auch auf die Postschiffahrt ein: ein Modell des

Rheinisches Landesmuseum Trier:

Darstellung von Treidelverkehr und Transport von Tuchballen auf einem Sockel eines Grabpfeilers; Fundort: Igel bei Trier (119)

Faßbeladenes Schiff; Grabmalbekrönung (3. Jh. n. Chr.), gefunden in Neumagen (119)

Raddampfers *Washington* aus dem Jahre 1847 verweist auf den überseeischen Postverkehr und die späteren »Reichspostdampfer-Linien«. Auch die Verlegung von Seekabeln erforderte Schiffe wie z. B. den Kabelleger *Faraday* aus dem Jahre 1874, ebenfalls als Modell im Postmuseum zu sehen.
(Farbige Abbildung siehe Seite 81)

121 Schubboot René Siegfried, Nierstein/Rhein

Anschrift und Auskunft: Rheinallee 4, D-55283 Nierstein
Telefon: (06133) 59094
Öffnungszeiten: zugänglich mittags und abends täglich außer Dienstag
Lage und Erreichbarkeit: das Schiff liegt am Rheinufer gegenüber dem Bahnhof Nierstein an der B 9 zwischen Mainz und Worms

Die Sammlung von Modellen sollte nur nach Voranmeldung besichtigt werden.

122 Spessartmuseum Lohr

Anschrift und Auskunft: Schloßplatz 1, D-97816 Lohr am Main
Telefon: (09352) 2061
Öffnungszeiten: Dienstag bis Samstag 10-12 und 14-16 Uhr, Sonntag 10-17 Uhr
Lage und Erreichbarkeit: DB-Bahnhof, von dort Busverbindung nach Lohr-Stadt;
Pkw: Autobahn A 3, Ausfahrt Marktheidenfeld, von dort nach Lohr; oder Bundesstraße 26 von Aschaffenburg oder Karlstadt (Würzburg)

Der Spessart, dem sich das im Jahre 1936 gegründete Museum in Lohr widmet, wird an drei Seiten fast vollkommen vom Main umflossen. Deshalb zeigt das Spessartmuseum auch einige Themen der Mainschiffahrt: Schiffsbau und Kettenschiffahrt werden anschaulich mit Modellen, Abbildungen und Originalstücken dargestellt.

123 Schiffahrts- und Schiffsbaumuseum Wörth am Main

Anschrift und Auskunft: Postanschrift: Luxburgstraße 10, D-63939 Wörth am Main;
Museumsanschrift: Rathausstraße 46, D-63939 Wörth am Main
Telefon: (09372) 72970, 5457 oder 5906
Fax: (09372) 72271
Öffnungszeiten: Samstag und Sonntag 14-17 Uhr
Lage und Erreichbarkeit: DB-Bahnhof Wörth am Main;
Pkw: Bundesstraße 469 bis Wörth

Das Museum besitzt eine Bibliothek und ein Archiv zu den Themen Binnenschiffahrt auf dem Main, Main-Donau-Kanal und Binnenschiffbau (Plansammlung); Zeitschrift: Mainschiffahrts-Nachrichten

Das 1991 eröffnete Schiffahrts- und Schiffbaumuseum befindet sich in der früheren St. Wolfgangkirche in Wörth. Das Museum, das sich insbesondere der Mainschiffahrt widmet, zeigt eine ansprechende Sammlung mit Schiffen, originalen Schiffsteilen, Werkzeugen der Schiffsbauer und verschiedenen Schiffsmodellen. Unterlagen wie Schiffsbaupläne, Dienstbücher und Patente von Binnenschiffern oder Fotografien geben einen Einblick in die Welt der »Mainschiffer«.
(Farbige Abbildung siehe Seite 80)

124 Landesmuseum für Technik und Arbeit in Mannheim

Außenstelle: Museumsschiff Mannheim

Anschrift und Auskunft: Museum: Landesmuseum für Technik und Arbeit, Museumsstraße, D-68165 Mannheim;
Liegestelle des Museumsschiffes: an der Kurpfalzbrücke am Neckar
Telefon: (0621) 292-4730
Fax: (0621) 292-4754
Öffnungszeiten: Dienstag, Donnerstag und Freitag 9.15-17 Uhr, Mittwoch 9.15-20 Uhr, Samstag und Sonntag 10-17 Uhr
Lage und Erreichbarkeit: Museum: vom Hauptbahnhof Mannheim mit der Straßenbahn Linie 47 Richtung Neuostheim, bis Haltestelle Landesmuseum;
Museumsschiff: vom Hauptbahnhof Mannheim mit der Straßenbahn bis Haltestelle Kurpfalzbrücke

Die Bibliothek des Landesmuseums enthält auch Publikationen zur Binnenschiffahrtsgeschichte; Informationen unter (0621) 292-4762.

Das Landesmuseum für Technik und Arbeit in Mannheim wurde 1990 eröffnet und bietet eine Wanderung durch die technisch-soziale Entwicklung des deutschen Südwestens.
Die schiffahrtsgeschichtliche Sammlung des Landesmuseums ist in einer Außenstelle, im ehemaligen Ausflugsschiff *Mainz* aus dem Jahre 1929, untergebracht. Im Museumsschiff werden Modelle, Dokumente und Sachzeugnisse der Binnenschiffahrt gezeigt, darüber hinaus sind einige Großexponate wie ein Dieselschlepper, eine Peniche, ein Polizeiboot und zwei Kräne zu sehen.

Museumsschiff »Mannheim«, ehemals Fahrgastschiff »Mainz«; Außenstelle des Landesmuseums für Technik und Arbeit (124)

125 Völkerkunde-Museum der Portheim-Stiftung, Heidelberg

Anschrift und Auskunft: Hauptstraße 235, D-69117 Heidelberg
Telefon: (06221) 22067
Öffnungszeiten: Dienstag bis Freitag 15-17 Uhr, Sonntag 13-17 Uhr
Lage und Erreichbarkeit: vom Bismarckplatz (Straßenbahn/Omnibus) Busverbindung in die Altstadt zum Neckarmünzplatz

In den etwa 200 Jahre alten Arkaden des Palais Weimar am Neckarmünzplatz hat das Völkerkundemuseum eine Sammlung von Booten und Wasserfahrzeugen eingerichtet. Dabei werden traditionelle Bootsformen aus aller Welt nach ihrer geografischen Verteilung ausgestellt.

126 Museum im alten Rathaus, Neckargemünd

Anschrift und Auskunft: Hauptstraße 25, D-69151 Neckargemünd
Telefon: (06223) 804186
Öffnungszeiten: Sonntag 11-17 Uhr, Führungen jederzeit auf Anfrage
Lage und Erreichbarkeit: DB-Bahnhof Neckargemünd;
Pkw: Bundesstraße 37 von Heidelberg bzw. Mosbach oder Bundesstraße 45 von Sinsheim

Die Stadt Neckargemünd, die am Zusammenfluß von Neckar und Elsenz liegt, zeigt in ihrem Museum eine Neckar-Abteilung zu den Themen Schiffahrt und Fischerei. Alle Schiffstypen, die auf dem Neckar verkehrten, sind im Modell ausgestellt.

127 Technik-Museum Speyer

Anschrift und Auskunft: Geibstraße, D-67346 Speyer
Telefon: (06232) 78844
Fax: (06232) 78811
Öffnungszeiten: täglich 9-18 Uhr
Lage und Erreichbarkeit: DB-Bahnhof Speyer, von dort mit dem City-Shuttle-Bus zum Museum;
Pkw: Autobahn A 61, Ausfahrt Speyer, über Bundesstraße 9 nach Speyer

Das Technik-Museum Speyer gehört zum Auto- und Technik-Museum Sinsheim. Neben dem Schwerpunkt Eisenbahn zeigt das Museum in Speyer Großobjekte der Marine, wie das U-Boot *U 9* der Bundesmarine, ein 2-Mann-U-Boot Typ *Seehund,* WK II, oder ein 1-Mann-U-Boot vom Typ *Biber,* WK II, daneben in der historischen Halle zahlreiche Modelle von Seglern, Schleppern und anderen Schiffen.

Technik-Museum Speyer: U-Boot »U 9« auf dem Freigelände (127)

Historisches Museum der Pfalz, Speyer: Modell eines Rheinschiffs der sog. Bänder-Beueler-Bauart, einem Sondertyp der Samoreuse (128)

128 Historisches Museum der Pfalz

Anschrift und Auskunft: Domplatz, D-67324 Speyer
Telefon: (06232) 13250
Fax: (06232) 132540
Öffnungszeiten: Dienstag bis Sonntag 10-18 Uhr, Mittwoch bis 20 Uhr
Lage und Erreichbarkeit: DB-Bahnhof Speyer, von dort Bus-Shuttle zum Museum;
Pkw: A 61 bis Kreuz Speyer, von dort über die Bundesstraße 9 nach Speyer, der Beschilderung folgen

Das heutige Museum in Speyer wurde als zentrale historische Sammlung der Pfalz 1869 ins Leben gerufen. Das heutige Sammlungsgebäude, 1910 eröffnet, beherbergt auch einen Bereich, der sich mit der Rheinschiffahrt beschäftigt. 1994 wurde dieser Bereich neu gestaltet. (Abbildung siehe auch Seite 113)

Flößerei und Treidelschiffahrt auf dem Neckar bei Jagstfeld-Wimpfen; Städtische Museen, Heilbronn (129)

129 Städtische Museen Heilbronn

Anschrift und Auskunft: Städtische Museen Heilbronn, Abteilung Stadtgeschichte; Postadresse: Deutschhofstraße 6, D-74072 Heilbronn;
Museumsadresse: Frankfurterstraße 75, D-74072 Heilbronn
Telefon: (07131) 562767 oder 562886
Fax: (07131) 563194
Öffnungszeiten: Mittwoch, Freitag bis Sonntag 10-12 und 14-17 Uhr, Donnerstag 10-19 Uhr
Lage und Erreichbarkeit: DB-Bahnhof Heilbronn Hauptbahnhof, wenige Fußminuten entfernt

Veröffentlichung: »Die Schiffahrt auf dem oberen Neckar« (Heilbronner Museumsheft Nr. 16).
Als fester Bestandteil der städtischen Museen in Heilbronn besteht seit 1985 eine Ausstellung zum Thema Binnenschiffahrt auf dem Neckar.
Schwerpunkte der Ausstellung mit Schiffsmodellen und Modellen von Hafenanlagen bilden die Kettenschiffahrt auf dem Neckar, Flößerei und Treidelschiffahrt.

Historisches Museum der Pfalz, Speyer:
Modell des Rheinschiffs »Speier« um 1855 (128)

Modell eines Rheinkahns, Mitte 19. Jh. (128)

Städtische Museen, Heilbronn:
Modell eines kurpfälzischen Marktschiffs, um 1760 (129)

Modell des kleinen Kreuzers »S.M.S. Karlsruhe«; Wehrgeschichtliches Museum, Rastatt (130)

130 Wehrgeschichtliches Museum, Rastatt

Anschrift und Auskunft: Karlstraße 1, D-76406 Rastatt
Telefon: (07222) 34244
Fax: (07222) 30712
Öffnungszeiten: Dienstag bis Sonntag 9.30-17 Uhr
Lage und Erreichbarkeit: DB-Bahnhof Rastatt;
Pkw: Autobahn A 5, Ausfahrt Rastatt

Das wehrgeschichtliche Museum versteht sich als Sammlungs- und Ausstellungsstätte der südwestdeutschen Militärgeschichte vom Mittelalter bis zur Gegenwart.
In seiner Interimsausstellung in der Karlstraße zeigt das Museum zum Thema Kriegsmarine Schiffsmodelle des kleinen Kreuzers *S.M.S. Karlsruhe* und der *S.M. Linienschiff Zähringen.* Außerdem sind zwei Werftmodelle zu besichtigen.

131 Heimatmuseum Rheinau

Anschrift und Auskunft: Hauptstraße 16, D-77866 Rheinau-Freistett
Telefon: (07844) 4641 oder 2542
Lage und Erreichbarkeit: Autobahn A 5, Ausfahrt Achern, von dort nach Rheinau

In einem Fachwerkbau aus dem 18. Jahrhundert präsentiert das Rheinauer Museum seine Sammlung von Schiffsmodellen und -gegenständen.

132 Flößermuseum Unterrodach, Marktrodach

Anschrift und Auskunft: Kirchplatz 8, D-96364 Marktrodach
Telefon: (09261) 60310
Fax: (09261) 603150
Öffnungszeiten: März bis Oktober: Dienstag bis Samstag 9-11 und 14-16 Uhr, Sonntag 14-16 Uhr; von November bis Februar nur nach Voranmeldung

Lage und Erreichbarkeit: DB-Bahnhof Kronach, von dort Busverbindung;
Pkw: Bundesstraße 173 (Bamberg–) Lichtenfels–Hof bis Marktrodach

Dem Museum ist eine Bibliothek und eine Videothek zum Thema Flößerei angeschlossen, ferner werden themenbezogene Publikationen veröffentlicht.

Holz aus dem Frankenwald besaß bis ins letzte Jahrhundert hinein große Bedeutung für den Schiffs- und Gebäudebau in den Niederlanden. Erst nach 1900 ging die Flößerei im Frankenwald ein.
Das 1965 entstandene Flößermuseum, seit 1981 im ehemaligen Floßherrenhaus untergebracht, informiert über die Geschichte und Technik der Flößerei im Frankenwald, aber auch auf Main und Rhein, über das Flößerdorf Unterrodach und das Leben der Flößer. Im Außengelände sind Original-Flöße ausgestellt.
(Farbige Abbildung siehe Seite 75)

133 Verkehrsmuseum Nürnberg

Anschrift und Auskunft: Lessingstraße 6, D-90443 Nürnberg
Telefon: (0911) 219-2428
Fax: (0911) 219-3740
Öffnungszeiten: täglich 9.30-17 Uhr, an Fest- und Feiertagen Sonderregelungen
Lage und Erreichbarkeit: 10 Gehminuten vom DB-Bahnhof Nürnberg-Hauptbahnhof entfernt; U-Bahnlinie U 2, Station Opernhaus

Die Präsenzbibliothek und das Archiv des Verkehrsmuseums zum Schwerpunkt Eisenbahn enthalten auch einen Bestand Schiffahrt.

Das 1899 gegründete Nürnberger Verkehrsmuseum befaßt sich vor allem mit dem Thema Eisenbahn, es spricht aber auch den Eisenbahn-(Fähr-)Schiffverkehr in der Ostsee und auf dem Bodensee an. Die Abteilung »Eisenbahnschiffahrt« wird derzeit umgestaltet.
(Farbige Abbildung siehe Seite 86)

134 Karlsgraben-Ausstellung/Fossa Carolina, Graben bei Treuchtlingen

Anschrift und Auskunft: Städtisches Verkehrsamt/Verkehrsbüro, Heinrich-Aurnhammer-Straße 3, D-91757 Treuchtlingen
Telefon: (09142) 3121
Fax: (09142) 3120

Diese Miniatur aus einer Chronik um 1546 zeigt die Arbeiten am Karlsgraben (134)

Karlsgraben, Treuchtlingen: Rekonstruktion eines mittelalterlichen Treidelzuges; damals mußte die Besatzung noch selbst »ran« (134)

Öffnungszeiten: Mittwoch bis Montag 13-17 Uhr, Dienstag Ruhetag
Lage und Erreichbarkeit: Bundesstraße 2 bis Dettenheim zwischen Treuchtlingen und Weißenburg, von dort nach Graben; die Ausstellung befindet sich in der Hüttinger Scheune im Zentrum des Dorfes

Die Geschichte des Rhein-Main-Donau-Kanals und seiner Vorläufer geht bis weit ins Mittelalter zurück: 793, so die Überlieferung, ließ Karl der Große den Bau eines Kanals zwischen der Rezart im Norden und der Altmühl im Süden beginnen.
Das Museum, das aus einer Sonderausstellung hervorging, informiert über den Kanal Karls des Großen, über die frühe Schiffahrt und über die jüngeren Kanalprojekte in Bayern.
(Abbildung siehe auch Seite 117)

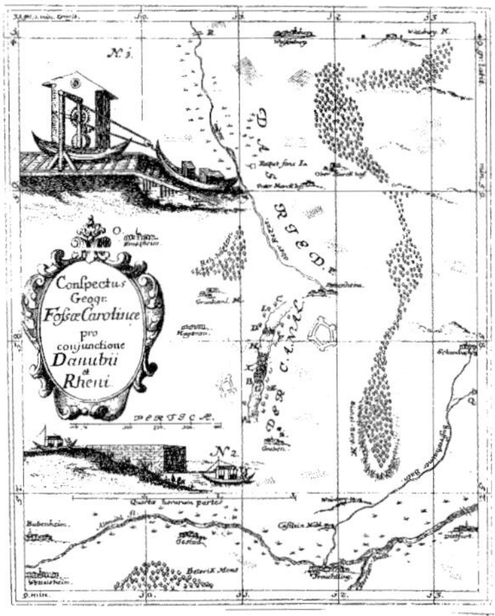

Darstellung des Karlsgraben/Fossa Carolina mit Schiffshebewerk von 1726 (134)

135 Donau-Schiffahrts-Museum Regensburg Museumsschiff Ruthof

Anschrift und Auskunft: Postadresse: Donau-Schiffahrts-Museum Regensburg, Postfach 110510, D-93018 Regensburg;
Liegeplatz des Museumsschiffes: Werftstraße, D-93059 Regensburg
Telefon: (0941) 52510
Öffnungszeiten: April bis Oktober: täglich 10-17 Uhr
Lage und Erreichbarkeit: DB-Bahnhof Regensburg Hauptbahnhof, Buslinie 17 (Haltestelle Eisstadion oder Eiserne Brücke)

Der Träger des Museumsschiffes, der Arbeitskreis Donau-Schiffahrts-Museum Regensburg e.V., bringt eine Buchreihe »Donau-Schiffahrt« in etwa zweijährigem Abstand heraus (bisher 6 Bände erschienen). Ferner werden zur Zeit ein Archiv und eine Bibliothek aufgebaut. (Benutzung nach Absprache möglich).

Als 1978/79 einer der letzten erhaltenen, in Bayern gebauten Schaufelraddampfer in Ungarn verschrottet werden sollte, gelang es dem Arbeitskreis, das Schiff zu erwerben und nach Regensburg zu bringen. Hier konnte das Schiff restauriert und 1983 als Museumsschiff eröffnet werden. Es können nun verschiedene Räume wie der Maschinenraum und auch eine Ausstellung zum Thema »Donauschiffahrt« besichtigt werden.
(Abbildungen s. S. 82 und 120/121)

136 Bayerisches Armeemuseum Ingolstadt

Anschrift und Auskunft: Neues Schloß, Paradeplatz 4, D-85049 Ingolstadt
Telefon: (0841) 35067 oder 35068
Fax: (0841) 910833

Antworttelegraf im Maschinenraum der »Ruthof« (135)

Öffnungszeiten: Dienstag bis Sonntag 8.45-16.30 Uhr
Lage und Erreichbarkeit: DB-Bahnhof Ingolstadt/Nord, vom Bahnhof Ingolstadt/Hauptbahnhof Busverbindung bis Rathausplatz

Das Bayerische Armeemuseum wurde durch Ludwig II. im Jahre 1879 gegründet. Bis zu seiner Zerstörung im Zweiten Weltkrieg war es in München untergebracht, erst 1972 konnten einige Abteilungen des Museums im gotischen Schloß von Ingolstadt wieder eröffnet werden.
Seit bayerische Soldaten bei der Bekämpfung des Boxeraufstandes in China eingesetzt waren, besitzt das Bayerische Armeemuseum eine Marine- und Kolonialabteilung. Ein Teil dieser Sammlung ist seit Ende 1994 in der neu eröffneten Abteilung »Erster Weltkrieg« im ehemaligen Festungswerk Reduit »Tilly« permanent ausgestellt. Hervorzuheben sind dabei Erinnerungsstücke an den aus Bayern stammenden Admiral Franz Ritter von Hipper, Schiffsmodelle, das Geschütz eines deutschen U-Bootes, sowie bedeutende Werke des Marinemalers Claus Bergen.

Museumsschiff Ruthof

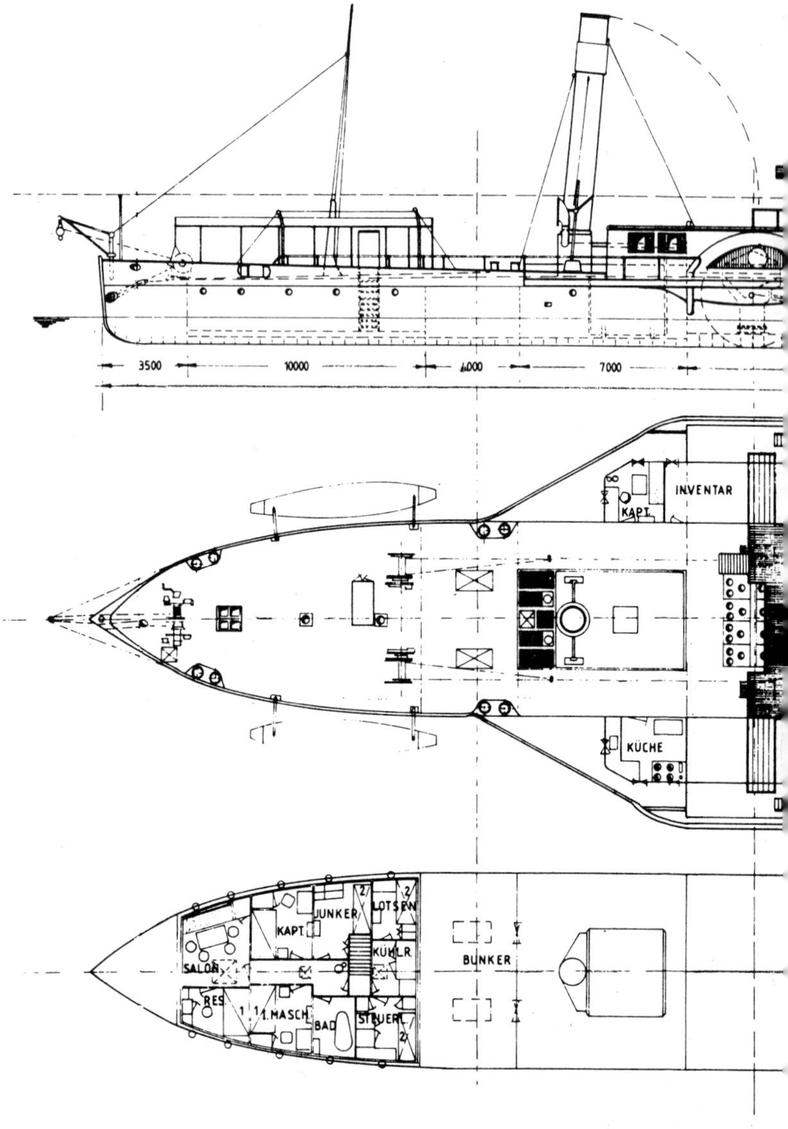

Donau-Schiffahrts-Museum, Regensburg: Generalplan zum Museumsschiff »Ruthof«; von oben nach unten: Backbordansicht, Hauptdeck, Unterdeck (135)

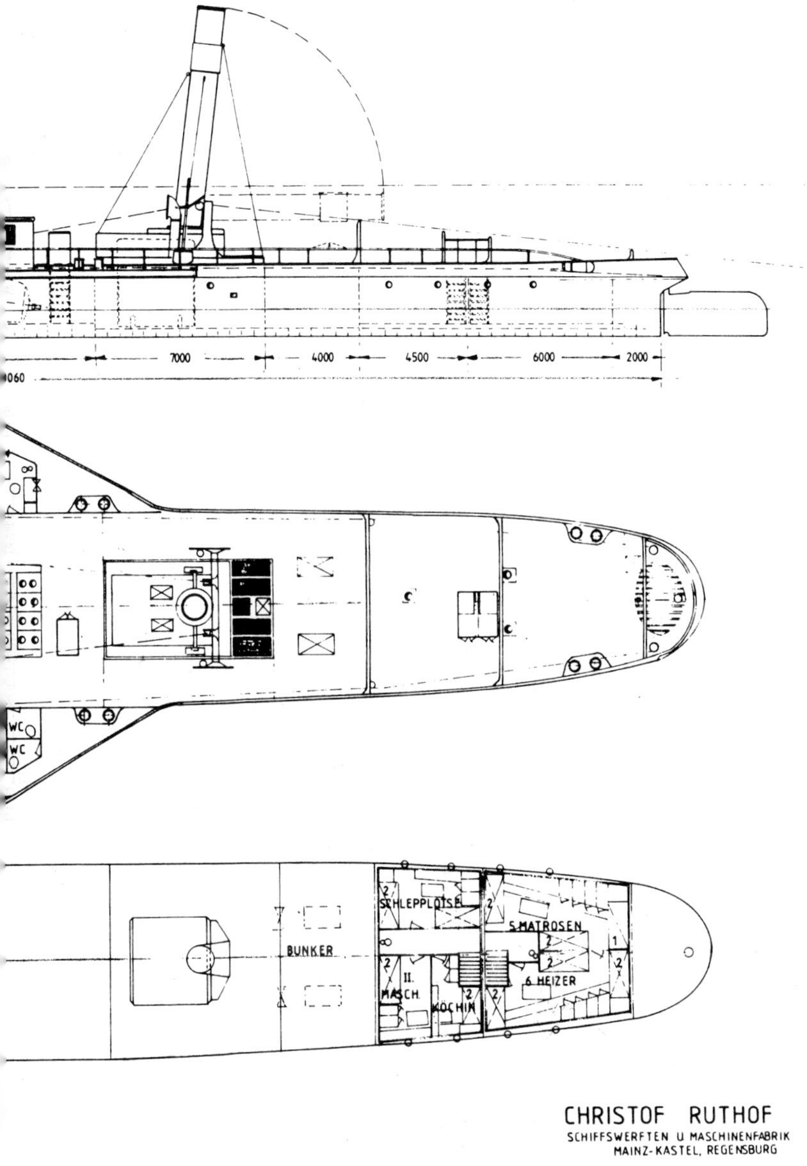

137 Kreismuseum Mühldorf am Inn

Anschrift und Auskunft: Tuchmacherstraße 7, D-84453 Mühldorf am Inn
Telefon: (08631) 2351
Öffnungszeiten: Dienstag 14-19 Uhr, Mittwoch und Donnerstag 14-16 Uhr, Sonntag 10-12 und 14-16 Uhr
Lage und Erreichbarkeit: DB-Bahnhof Mühldorf am Inn, das Museum liegt in der Nähe der Stadtpfarrkirche;
Pkw: Bundesstraße 12 von München oder Passau

Das Kreismuseum in Mühldorf wurde 1975 eingerichtet und zeigt die Regionalgeschichte von Mühldorf und seinem Umland.
Für Mühldorf spielte die Innschifffahrt vom Mittelalter bis in die Mitte des 19. Jahrhunderts eine besondere Rolle. So werden Originalobjekte aus der Zeit der Innschiffahrt gezeigt, sowie Modelle im Maßstab 1:100. Hierzu zählt ein Schiffszug aus der Zeit um 1800 und ein Inndampfer von 1857.
(Farbige Abbildungen siehe Seite 83)

138 Deutsches Museum München

Anschrift und Auskunft: Museumsinsel 1, D-80306 München
Telefon: (089) 2179-1
Fax: (089) 2179-324
Öffnungszeiten: täglich 9-17 Uhr, an einigen Feiertagen geschlossen
Lage und Erreichbarkeit: im Zentrum Münchens, südöstlich der Fußgängerzone und des Isartores, vom S-Bahnhof Isartor 5 Minuten zu Fuß

Präsenzbibliothek für die Geschichte der Technik und der Naturwissenschaften, 750000 Bände, Zeitschriften, Foto- und Planarchiv.

Deutsches Museum, München:

Unten links: Tieftauchanzug (138)
Unten rechts: »Bote mit Schwimmreifen«; anonym, Feuerwerksbuch, Bilderhandschrift, ca. 1480 (138)

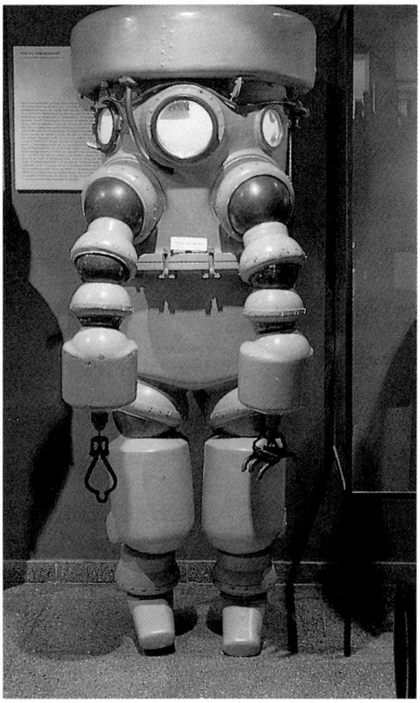

Deutsches Museum, München: Schiffsdampfmaschine (138)

Deutsches Museum, München: Blick auf das Deck des Ewers »Maria« (138)

Die Schiffahrtsabteilung im »Deutschen Museum von Meisterwerken aus Naturwissenschaft und Technik« erhielt nach dessen Gründung 1903 eine zentrale Lage im Museumsgebäude auf der Isarinsel. Das Gründungsgeschenk Kaiser Wilhelms II. war ein großes Modell eines neuen Kriegsschiffes der Kaiserlichen Marine. Nach dem Ersten Weltkrieg folgte das erste deutsche Unterseeboot *U1*. Infolge von Kriegsschäden

1944/45 und einem Brand 1983 wurde die Abteilung auf drei Geschoßebenen neu eingerichtet. Thematik ist die Technikgeschichte der Schiffahrt, gezeigt an Objekten und Modellen aus aller Welt; Demonstrationen erläutern die Funktionsweise von Maschinen und Geräten. Originale Schiffe sind der Ewer *Maria*, 1880, *U1*, 1906, der Dampfschlepper *Renzo*, 1931, und der Seenotrettungskreuzer *Theodor Heuss*, 1960, im Freigelände, in dem in den Sommermonaten Führungen stattfinden. Zu beachten sind auch die Schiffsmaschinen in der benachbarten Abteilung Kraftmaschinen. (Farbige Abbildungen siehe Seite 86 und auf dem Einband hinten)

139 Förderverein Südbayerisches Schiffahrtsmuseum Starnberg e. V.

Anschrift und Auskunft: Postfach 1221, D-82302 Starnberg

Der Verein besitzt noch kein Ausstellungsgebäude für seine Sammlung von Booten und Objekten, gibt jedoch ein Jahrbuch und die Mitgliedszeitschrift »Delphin« heraus.

140 Heimatmuseum Prien am Chiemsee

Anschrift und Auskunft: Friedhofweg 1, D-83209 Prien am Chiemsee
Telefon: (08051) 690510 oder 690542
Fax: (08051) 690540
Öffnungszeiten: April bis Oktober: Dienstag bis Freitag 10-12 und 15-17 Uhr, Samstag 10-12 Uhr; November bis März: Dienstag und Freitag 10-12 und 15-17 Uhr
Lage und Erreichbarkeit: DB-Bahnhof Prien am Chiemsee;
Pkw: Autobahn A 8, Ausfahrt Bernau, von dort nach Prien

Die Gemeinde Prien unterhält ein Archiv, u. a. auch mit Unterlagen zur Chiemsee-Schiffahrt.

1988 konnte das Heimatmuseum in Prien sein 75jähriges Jubiläum feiern. Zunächst im Priener Schulhaus untergebracht, befindet sich das Museum seit 1942 im Mayerpaul-Haus. Neben bäuerlichem Brauchtum, Heimatgeschichte und einer Gemäldesammlung beherbergt das Museum auch ein Fischerzimmer, in dem auf die Fischerei und Schiffahrt des Sees eingegangen wird.
(Farbige Abbildung siehe Seite 75)

141 Museum der Stadt Wasserburg am Inn

Anschrift und Auskunft: Herrengasse 15-17, D-83512 Wasserburg am Inn
Telefon: (08071) 10542 (Stadtverwaltung)
Fax: (08071) 40601
Öffnungszeiten: Mai bis September: Dienstag bis Freitag 10-12 und 13-16 Uhr, Samstag und Sonntag 11-15 Uhr; Oktober bis April: Dienstag bis Freitag 13-16 Uhr, Samstag und Sonntag 10-12 Uhr; vom 16. Dezember bis 31. Januar geschlossen
Lage und Erreichbarkeit: DB-Bahnhof Wasserburg, von dort mit Bus in die Stadt;
Pkw: Bundesstraße 304 von München oder Traunstein

Aus dem 19. Jh. stammen Zaumzeug und Sättel des Treidelzuges; Wasserburg am Inn (141)

Das Museum hat in der Reihe »Objekt des Monats« eine Folge von Informationsblättern zum Thema »Innschiffahrt« herausgegeben. Außerdem befaßt sich die Museumspublikation »Heimat am Inn« Nr. 9 speziell mit der Innschiffahrt.

Das 1888 gegründete Museum der Stadt Wasserburg am Inn, untergebracht in einem spätgotischen Bürgerhaus der historischen Altstadt, zeigt auf vier Stockwerken Sammlungen zur Geschichte Wasserburgs und des Wasserburger Landes.
Im Erdgeschoß bietet das Museum Exponate der ehemals für den Gütertransport recht bedeutenden Schiffahrt auf dem Inn. Das Modell eines Innschiffszuges, eine Reihe weiterer Schiffsmodelle und eine einmalige Fotodokumentation vom Bau einer Innplätte in Wasserburg 1935 geben ein anschauliches Bild der früheren Innschiffahrt.

◁ *Museum der Stadt Wasserburg am Inn: Tischzeichen der Schiffsleute (141)*

Zwischen der Altstadt (Anlegestelle Innbrücke) und Urfahrn (6 km flußabwärts) verkehrt das Fahrgastschiff *FMS Christine*: Anfragen bitte an Familie Held, Tel. (08071) 4793, (08075) 1316 oder (0161) 1826714.

142 Heimatmuseum der Stadt Rosenheim

Anschrift und Auskunft: Ludwigsplatz 26, D-83022 Rosenheim
Telefon: (08031) 361440
Öffnungszeiten: Dienstag bis Samstag 9-12 und 14-17 Uhr, Sonntag und Montag geschlossen
Lage und Erreichbarkeit: DB-Bahnhof Rosenheim;
Pkw: Autobahn A 8, Ausfahrt Rosenheim, über Bundesstraße 15 nach Rosenheim

Modelle der Innschiffahrt informieren im Heimatmuseum in Rosenheim über die Bedeutung des Inns als Wasserstraße für Rosenheim.

Diese Schopperstatt mit vielen originalen Gerätschaften findet sich im Inn-Museum in Rosenheim (143)

143 Inn-Museum, Wasserbau- und Schiffahrtstechnische Sammlung, Rosenheim

Anschrift und Auskunft: Innstraße 74, D-83022 Rosenheim
Telefon: (08031) 305-171
Fax: (08031) 305-179
Öffnungszeiten: April bis Oktober: Freitag 9-12 Uhr, Samstag und Sonntag 10-16 Uhr
Lage und Erreichbarkeit: DB-Bahnhof Rosenheim, Stadtbus-Linie 1 zur Innstraße an der Innbrücke,
Pkw: Autobahn A 8, Ausfahrt Rosenheim, über Bundesstraße 15 nach Rosenheim

Dem Inn, einem über 2000 Jahre vielbenützten Transportweg, widmet sich das in einem früheren Flußmeisterstadel untergebrachte Museum in Rosenheim. Die Ausstellung beschäftigt sich mit den naturräumlichen Verhältnissen entlang des Flußlaufes, mit der Geschichte der Besiedelung, dem Wasser- und Brükkenbau und natürlich mit der Schiffahrt auf dem Inn, aber auch auf anderen bayerischen Gewässern. Geräte, Karten, Bilder und Modelle verdeutlichen deren Entwicklung.

144 Oberhausmuseum Passau

Anschrift und Auskunft: Oberhaus 125, D-94034 Passau
Telefon: (0851) 396312 oder 396352
Fax: (0851) 49786
Öffnungszeiten: Dienstag bis Sonntag 9-17 Uhr; Februar geschlossen
Lage und Erreichbarkeit: DB-Bahnhof Passau;
Pkw: Autobahn A 3, Ausfahrt Passau-Nord, von dort nach Passau Richtung Veste/Oberhaus

Die historische Entwicklung und Kunstgeschichte der Stadt und der Region Passau stehen im Zentrum der Ausstellungen des 1905 gegründeten Museums der Stadt Passau, des heutigen Oberhausmuseums.
In der Dreiflüsse-Stadt Passau trafen sich wichtigste Wasserwege an Donau, Inn und Ilz. Deshalb beschäftigt sich das Oberhausmuseum auch mit der Donau- und Innschiffahrt, die insbesondere für den Salzhandel große Bedeutung besaßen. Modelle von Salzschiffen und eine Reihe von Utensilien der Schiffer, Schiffsbauer und Salzfertiger sind ausgestellt.
(Farbige Abbildung siehe Seite 84)

Oberhausmuseum Passau (oben und unten): Der Salzhandel auf Donau, Inn und Ilz wird mit vielen Modellen von Salzschiffen dokumentiert (144)

Heimatmuseum Reichenau: Modell der Reichenauer Bootsbauerwerkstatt Beck; sie ist heute noch in Betrieb (146)

145 Stadtmuseum Radolfzell

Anschrift und Auskunft: Tegginger Straße 16, D-78315 Radolfzell/Bodensee
Telefon: (07732) 81383 oder 81392
Öffnungszeiten: Dienstag bis Sonntag 15-17 Uhr, zusätzlich: Mittwoch 17-19 Uhr, Sonntag 10-12 Uhr
Lage und Erreichbarkeit: DB-Bahnhof Radolfzell;
Pkw: Autobahn A 81 bis Kreuz Singen, von dort über die B 33 neu nach Radolfzell oder Bundesstraße 34 von Überlingen oder Singen nach Radolfzell

Der Naturraum des westlichen Bodensees, seine Besiedelung und die Geschichte der Region bilden den Schwerpunkt des Stadtmuseums in Radolfzell.
Dazu zählt auch die Bodenseeschifffahrt.

146 Heimatmuseum Reichenau

Anschrift und Auskunft: Ergat 1, D-78479 Reichenau-Mittelzell
Telefon: (07534) 276
Öffnungszeiten: Mai bis September: Dienstag bis Sonntag 15-17 Uhr
Lage und Erreichbarkeit: im alten Rathaus in Mittelzell

Die Entwicklung und die Geschichte der Insel Reichenau wird im dortigen Heimatmuseum aufgegriffen. Dabei bildet die Fischerei einen Schwerpunkt, in dessen Rahmen auch die Bodenseeschiffahrt angesprochen wird. Die Ausstellung enthält Modelle von Bodenseeschiffen und vom Bootsbau (Reichenauer Bootsbauerwerkstatt).

ÖSTERREICH

147 Heimathaus Schärding

Anschrift und Auskunft: Schloßgasse 10, A-4780 Schärding
Telefon: (07712) 2603
Öffnungszeiten: Dienstag, Mittwoch 15-17 Uhr, Donnerstag, Samstag 10-12 Uhr
Lage und Erreichbarkeit: ÖBB-Bahnhof Schärding;
Pkw: von Passau Bundesstraße 12 bis Neuhaus, von dort nach Schärding, sowie Bundesstraßen 129 oder 143 von Linz bzw. Ried nach Schärding

Im Rahmen seiner heimatkundlichen Ausstellung bildet die Innschiffahrt ein Thema des Heimathauses in Schärding.

Oberösterreichisches Schiffahrtsmuseum, Grein: Modell eines Donauschiffes (148)

148 Oberösterreichisches Schiffahrtsmuseum Grein

Anschrift und Auskunft: Schloß Greinburg, Coburg'sche Forstverwaltung Greinburg, Greinburg 1, A-4360 Grein
Telefon: (07268) 3260 oder 5110
Fax: (07268) 32615 oder 51115
Öffnungszeiten: Mai bis Oktober: Dienstag bis Sonntag 9-12 und 13-17 Uhr
Lage und Erreichbarkeit: ÖBB-Bahnhof Grein-Bad Kreuzen;
Anlegestelle der Personenschiffahrt auf der Donau;
Pkw: Bundesstraße 3 von Linz oder Krems

Seit 1970 präsentiert sich das Oberösterreichische Schiffahrtsmuseum in den Räumen des Schloßes Greinburg. Das Museum befaßt sich mit der Binnenschiffahrt auf der oberen Donau, der Traun und anderen Donauzuflüssen. Modelle von Schiffen

Dieser Gmunder Schifferkrug ist ebenfalls im Oberösterreichischen Schiffahrtsmuseum in Grein zu besichtigen (148)

und Flößen aus vielen Jahrhunderten, aber auch Gegenstände aus der Lebens- und Arbeitswelt der Schiffer oder eine Reihe von Stichen und Zeichnungen führen in Schiffahrt und Flußlandschaften Oberösterreichs ein.

149 Heimatmuseum Bruckmannhaus Oberndorf bei Salzburg

Anschrift und Auskunft: Stille-Nacht-Gedenkstätte und Heimatmuseum Bruckmannhaus, z.H. Herrn Mag. Manfred Fischer, Stille-Nacht-Platz 7, A-5110 Oberndorf bei Salzburg
Telefon: (06272) 7569 (Fremdenverkehrsverband)
Öffnungszeiten: täglich 9-12 und 13-17 Uhr; Dezember: bis einschließlich 24. Dezember 9-18 Uhr
Lage und Erreichbarkeit: ÖBB-Bahnhof Salzburg Hauptbahnhof, von dort mit der Salzburger Lokalbahn (Bahnhofsvorplatz, künftig: Tiefbahnhof) bis Oberndorf Bahnhof;
Pkw: Autobahn A 1, Ausfahrt Salzburg-Nord, Bundesstraße Richtung Bergheim und Oberndorf

Dem Museum ist ein kleiner Archivbestand und eine Literatursammlung zum Thema Salzachschiffahrt angeschlossen.

Das Heimatmuseum in Oberndorf entstand 1960 und befindet sich seit 1993 im Bruckmannhaus. Einen Schwerpunkt des Museums bildet die Salzachschiffahrt, der das Dachgeschoß (ca. 100 qm) des Museums gewidmet ist. Gezeigt werden Modelle von Salzach-Flußschiffen (Plätten), Werkzeuge zum Bau der Schiffe und umfangreiches Material aus der Lebens- und Arbeitswelt der Schiffer.
Auf der Salzach finden auch Plättenfahrten und andere Brauchtumsveranstaltungen der Schiffergarde statt, über die der Fremdenverkehrsverband Oberndorf Auskunft gibt.

Modell eines Hallasch zum Salztransport; Heimatmuseum Bruckmannhaus, Oberndorf bei Salzburg (149)

150 Keltenmuseum Hallein

Anschrift und Auskunft: Pflegerplatz 5, A-5400 Hallein
Telefon: (06245) 80783
Öffnungszeiten: April bis Oktober: täglich 9-17 Uhr
Lage und Erreichbarkeit: ÖBB-Bahnhof Hallein;
Pkw: Autobahn A 10, Ausfahrt Hallein, Bundesstraße B 159

Im Gebäude der früheren fürsterzbischöflichen Salinenverwaltung ist seit 1970 das Keltenmuseum, eines der bedeutendsten Museen für keltische Kultur, untergebracht. Grab- und Siedlungsfunde vom Dürrnberg geben einen umfassenden Einblick in das älteste eigenständige Kulturschaffen Mitteleuropas. Damals wie auch später bildete der Salzbergbau einen wirtschaftlichen Schwerpunkt Halleins. In diesem Zusammenhang geht das Museum auch auf die Salzachschiffahrt ein.

151 Heimatmuseum Schloß Pragstein Mauthausen Oö

Anschrift und Auskunft: A-4310 Mauthausen
Telefon: (07238) 2255 (Gemeindeamt)
Öffnungszeiten: Mai bis Oktober: Sonntag 10-12 Uhr
Lage und Erreichbarkeit: ÖBB-Bahnhof Mauthausen;
Pkw: Bundesstraße 3 von Linz oder aus Richtung Grein–Krems

Die Schiffahrt auf der Donau in Oberösterreich bildet einen Teil der Ausstellungen vom Museum des Heimatvereins Mauthausen auf Schloß Pragstein.

152 Schiffsleutmuseum Stadl-Paura

Anschrift und Auskunft: Fabrikstraße 13, A-4651 Stadl-Paura
Telefon: (07245) 8011
Öffnungszeiten: Samstag 14-16 Uhr, Sonntag 9-11 und 14-16 Uhr
Lage und Erreichbarkeit: Bahnhof Stadl-Paura;
Pkw: Autobahn A 1 bis Ausfahrt Vorchdorf, von dort nach Stadl-Paura

Das Schiffsleutmuseum gehört dem Schifferverein Stadl-Paura und informiert über das Erbe der Salzschiffahrt auf der Traun.

153 Schiffahrtsmuseum Spitz an der Donau

Anschrift und Auskunft: Auf dem Wehr 21, A-3620 Spitz/Donau
Telefon: (02713) 2246, 2647 oder 2114
Öffnungszeiten: April bis Oktober: Montag bis Samstag 10-12 und 14-16 Uhr, Sonntag 10-12 und 13-17 Uhr
Lage und Erreichbarkeit: mit Bahn: ÖBB-Bahnhof Spitz;
Schiffsanlegeplatz der Donauschiffahrt;
Pkw: Bundesstraße 3 von Linz bzw. Krems bis Spitz, in Spitz Richtung Ottenschlag

Eine Bibliothek und ein Archiv sind dem Museum angeschlossen; das Museum gibt eine eigene Schriftenreihe heraus.

Zu sehen ist eine Sammlung der Ruder- und Floßschiffahrt auf der oberen Donau, durch Otto Meißinger während 30jähriger Sammeltätigkeit angelegt. Das Museum wurde 1970 in Schloß Erlahof eröffnet und bietet u. a. Modelle aller Holzschifftypen, den ältesten Schiffsfund an der oberen Donau (Untergangsdatum

1810), Schiffsbauwerkzeuge und Kriegsschiffe der Türkenzeit.
(Farbige Abbildungen siehe Seite 85)

154 Ennsmuseum Weyer

Anschrift und Auskunft: Ennsmuseum in Kastenreith, Steyrerstraße 27, A-3335 Weyer
Telefon: (07447) 255 oder 7305
Öffnungszeiten: Mai bis 1. November: Mittwoch bis Montag 10-12 und 14-17 Uhr; für Gruppen bei Voranmeldung auch zu jeder anderen Zeit
Lage und Erreichbarkeit: ÖBB-Bahnhof Weyer;
Pkw: Autobahn A 1 bis Ausfahrt Enns (bei Linz), von dort Bundesstraße 115 über Steyr nach Weyer

Das Ennsmuseum zeigt Natur und Kultur des Flußraumes der Enns und insbesondere die Flößerei.

155 Stadtmuseum Ybbs an der Donau

Anschrift und Auskunft: Herrengasse 23, A-3370 Ybbs
Telefon: (07412) 2612 und 2613
Öffnungszeiten: nach Vereinbarung
Lage und Erreichbarkeit: ÖBB-Bahnhof Ybbs;
Pkw: Autobahn A 1 bis Ausfahrt Ybbs

In Ybbs, am Zusammenfluß von Donau und Ybbs, besaß die Donauschiffahrt einst eine große Bedeutung, der im Stadtmuseum Rechnung getragen wird.

156 Technisches Museum Wien

Anschrift und Auskunft: während der Generalsanierung: Technisches Museum Wien, Ausweichquartier Abbegasse/Ecke Braillegasse 35, A-1140 Wien
Telefon: (0222) 9141610

Das Technische Museum in Wien besitzt umfangreiche Bestände zum Thema Schiffahrt.
Bis voraussichtlich 1996 ist das Museum allerdings wegen Sanierung und Umbau vollständig geschlossen.

157 Österreichisches Staatsarchiv, Wien

Anschrift und Auskunft: Österreichisches Staatsarchiv – Kriegsarchiv, Nottendorfer Gasse 2, A-1030 Wien
Telefon: (0222) 79540-317
Fax: (0222) 79540-109
Öffnungszeiten: Montag, Dienstag und Donnerstag 9-17 Uhr, Mittwoch 9-19 Uhr, Freitag 9-15 Uhr
Lage und Erreichbarkeit: U-Bahn-Linie 3 bis Endstation Erdberg

Das Marinereferat im Kriegsarchiv des Österreichischen Staatsarchives verwahrt den Aktennachlaß der K. (u.) K. Kriegsmarine bis zum Ende des Jahres 1918.
Das Archiv ist nach Anmeldung für jedermann zugänglich, besitzt jedoch keine Ausstellung.

Heeresgeschichtliches Museum, Wien: Modell eines englischen Kriegsschiffs 3. Ranges, 1691 (158)

158 Heeresgeschichtliches Museum, Wien

Anschrift und Auskunft: Arsenal, A-1030 Wien
Telefon: (0222) 79561
Öffnungszeiten: Samstag bis Donnerstag 10-16 Uhr
Lage und Erreichbarkeit: wenige Gehminuten vom Südbahnhof entfernt im ehemaligen Arsenal

Die lange Tradition vor allem des österreichischen Militärs bildet den Inhalt des 1891 gegründeten Heeresgeschichtlichen Museums. Dabei spielt auch die Kriegsmarine der Habsburgermonarchie eine wesentliche Rolle. Zu den Beständen des Museums gehören auch Modelle von Segelschiffen, Donaumonitoren und Linienschiffen des Ersten Weltkrieges.

159 Fischerei- und Donaumuseum Orth

Anschrift und Auskunft: A-2304 Orth an der Donau
Telefon: (02212) 2555
Öffnungszeiten: 15. März bis 15. November: Dienstag bis Freitag 9-12 und 13-17 Uhr, Samstag und an Sonn- und Feiertagen 9-17 Uhr
Lage und Erreichbarkeit: von Wien (UNO-City) über die Bundesstraße 3 nach Großenzersdorf und Orth an der Donau

Das Donaumuseum im Schloß Orth präsentiert Geschichte, Fauna, Flora und Geologie des Donauraumes und seiner Kulturlandschaft. Schiffs- und Brückenmodelle oder das bekannte Zinnfigurendiorama »Donauübergang Prinz Eugens bei Belgrad 1717« zählen zu den Höhepunkten der Ausstellung.
Im Schloß befindet sich auch das Fischereimuseum.
(Farbige Abbildungen siehe Seite 87)

Galionsfigur aus dem Fischerei- und Donaumuseum Orth (159)

160 Kärntner Fischereimuseum, Seeboden (Millstädter See)

Anschrift und Auskunft: Fischerhaus, A-9871 Seeboden am Millstädter See
Telefon: (04762) 81458
Öffnungszeiten: 15. Mai bis 15. September: täglich 9-13 und 15-18 Uhr
Lage und Erreichbarkeit: Autobahn A 10, Ausfahrt Spittal, oder Bundesstraße 100/106 nach Spittal, von dort nach Seeboden

1980 öffnete das erste Fischereimuseum in Kärnten seine Pforten, in dem auch Originale und Modelle von Booten und Flößen aus Kärntner Seen ausgestellt sind.
Den Schwerpunkt der Sammlung bildet die Fischerei.

Fischerei- und Donaumuseum Orth: Modell eines Seitenraddampfers (159)

SCHWEIZ

161 Seemuseum Kreuzlingen

Anschrift und Auskunft: Postfach 111, CH-8280 Kreuzlingen 2
Telefon: (072) 755242
Öffnungszeiten: April bis Juni, September und Oktober: Mittwoch, Samstag und Sonntag 14-17 Uhr; Juli und August: Dienstag bis Sonntag 14-18 Uhr
Lage und Erreichbarkeit: SBB-Bahnhof Kreuzlingen;
Pkw: Hauptstraße Nr. 13 von Schaffhausen oder Romanshorn, Bundesstraße 34 über Konstanz

In der ehemaligen Kornschütte öffnete 1993 das Seemuseum seine Pforten. Es widmet sich der gesamten Bodenseeregion.
1994 wurde die Abteilung Fischerei und Schiffahrt eröffnet.

162 Verkehrsdrehscheibe Schweiz, Basel

Anschrift und Auskunft: Westquaistraße 2, CH-4057 Basel
Telefon: (061) 6314265
Öffnungszeiten: Dienstag bis Sonntag 10-12 und 14-17 Uhr
Lage und Erreichbarkeit: SBB-Bahnhof Basel, von dort mit Stadtverkehr

Basel zählt zu den wichtigsten Häfen der Schweiz. Naturgemäß bildet deshalb die Rheinschiffahrt einen der Schwerpunkte des Baseler Museums.

163 Verkehrshaus der Schweiz, Luzern

Anschrift und Auskunft: Lidostraße 5, CH-6006 Luzern
Telefon: (041) 314444
Fax: (041) 316168
Öffnungszeiten: April bis Oktober: täglich 9-18 Uhr, November bis März: täglich 10-17 Uhr; 24. und 25. Dezember geschlossen
Lage und Erreichbarkeit: SBB-Bahnhof Luzern, von dort mit Stadtbus-Linie 2 Richtung Würzenbach bis Haltestelle »Verkehrshaus – Lido«.
Schiff: mit der »Schiffahrt auf dem Vierwaldstätter See« von den Schiffsländen vor dem Bahnhof bis Station »Verkehrshaus – Lido«

Das Museum besitzt ein Archiv und eine Bibliothek mit einer bedeutenden Sammlung von historischer Literatur zum Thema Schiffahrt. Zugang nur nach Voranmeldung möglich.

»Alles was sich bewegt« behandelt das Verkehrshaus in Luzern. Zum Thema Schiffahrt bietet es Orginalobjekte der Schiffahrt auf dem Vierwaldstätter See, so das Dampfschiff *Rigi* aus dem Jahre 1847 oder die Dampfmaschine der *DS Pilatus* aus dem Jahre 1894/95. Ab Sommer 1995 gibt es einen neuen Erlebnisraum »Nautirama«: Vom beschwerlichen Alpentransit zum Tourismus-Hit – Der Vierwaldstättersee im Wandel der Zeit.
Die Sammlung verfügt außerdem über hervorragende Modelle von Hochsee- wie auch von Binnenschiffen. Dabei bilden die Rheinschiffahrt und die Schiffahrt auf den Schweizer Seen Schwerpunkte der Ausstellung.

Verkehrshaus der Schweiz, Luzern: Dreidecker-Linienschiff, um 1800; Modell zum Auseinandernehmen, mit Inneneinrichtung (163)

Interessierte seien noch auf die fünf Rad-Dampfer der Personenschifffahrt auf dem Vierwaldstätter See verwiesen, welche in der Regel ab Ostern bis Ende Oktober im fahrplanmäßigen Einsatz sind, so z. B. die 1994 wieder in Dienst gestellte *DS Uri* aus dem Jahre 1901.
(Farbige Abbildungen siehe Seite 88)

Das Verkehrshaus am Vierwaldstätter See (163)

Wrackmuseum Cuxhaven: Galionsfigur von einem unbekannten englischen Segler aus dem vorigen Jahrhundert (21)

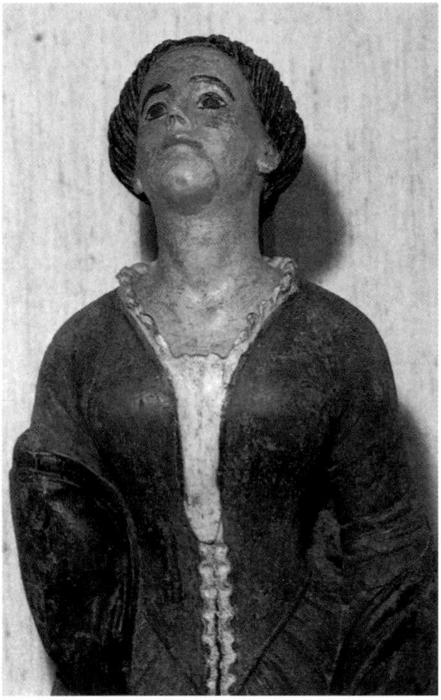

Schiffs- und Marinemuseum Senden: Auch Galionsfiguren gehören zum Bestand (88)

Deutsches Schiffahrtsmuseum, Bremerhaven (32):

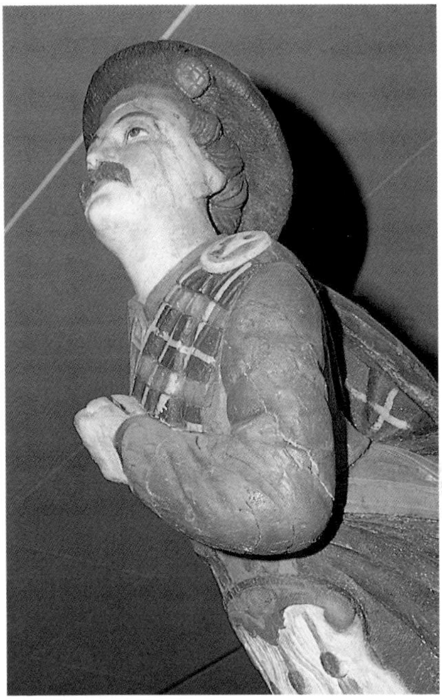

Oben: Galionsfigur in den Ausstellungsräumen
Unten: Galionsfigur der »Seute Deern«, im Freigelände

ÜBERSICHT MUSEUMSSCHIFFE

NAME	BAUJ.	ANTRIEB	LÄNGE
Museumsschiffe Deutschland			
Adolf Reichwein	1949	Diesel	17,5 m
Albatros	1912	Dampf	36,6 m
Alexandra	1908	Dampf	36,9 m
Alfred Wachholz	1962	Diesel	16 m
Amphitrite	1887	Segel, Diesel	42,3 m
Amrumbank	1915	Dampf, später Diesel	53,1 m
Andreas	1952	Dampf	38 m
Astarte	1903	Segel	21 m
Atlas	1876	ohne Antrieb	22,5 m
August	1910	Dampf, später Diesel	22 m
Aurora	1934	Segel	13 m
Borkumriff	1956	Diesel	53,7 m
Bussard	1905	Dampf, Schraube	40,6 m
Cap San Diego	1962	Diesel	159,11 m
Catarina	1889	Segel, Hilfsmotor	16,1 m
Cerberus	1930	Dampf, Schraube	20,85 m
Claus D	1913	Dampf, Schraube	17,76 m
Crossen	1928	ohne Antrieb	21,5 m
Das Schiff	1912	Diesel	34,5 m
Delphin	1930	Segel, Hilfsmotor	14,8 m
Diesbar	1884	Dampf, Seitenrad	52,73 m
Dresden	1926	Dampf, Seitenrad	68,73 m
ED 9	1926	ohne Antrieb	48,7 m
Elbe I	1942	Diesel	49 m
Elbe 3	1888	Diesel	45,1 m
Elbe 3	1909	ohne Antrieb	44 m
Elfriede	1904	Segel, eingeb. Diesel	15 m
Emden	1943	Diesel	16,35 m
Fehmarnbelt	1908	eingeb. Diesel	45,44 m
Fortuna	1909	Dampf	17,5 m
Fortuna	1914	Segel	15,8 m
Franz Christian	1929	Diesel	43 m, verlängert auf 50,2 m
Frieden	1958	Diesel	157,6 m
Fürst Bismarck	1893	Riemen	8,5 m
Gera	1961	Diesel	65,56 m
Georg Breusing	1963	Diesel	26,6m
Glückstadt	1954	Diesel	32 m
Goethe	1913	Dampf, Seitenrad	79,25 m
Grönland	1867	Segel, eingeb. Diesel	28,5 m
Großherzogin Elizabeth	1909	Segel, Diesel	50,29 m

Sind die Schiffe festgelegt und einer Institution oder einem Museumshafen zuzuordnen, oder werden sie in diesem Zusammenhang erwähnt, ist dahinter die Lexikon-Nummer angegeben. Aufgeführt wird der Name, den das Schiff zur Zeit trägt; dieser ist nicht immer identisch mit dem Namen, der im Baujahr vergeben wurde.

ORIGINALE VERWENDUNG	**EIGNER, LIEGEPLATZ**
Fischkutter	Dt. Museum für Meereskunde, Stralsund (82)
Passagier-, Frachttransport	Rettung über See e. V., Ostseebad Damp 2000
Passagier-, Frachttransport	Förderverein Flensburg
Polizeiboot	Museum der Arbeit, Hamburg (59)
Yacht	Deutsches Jugendwerk zur See, Bremerhaven
Feuerschiff	e. V., Emden
Binnenschlepper	M. Pflitsch, Berlin
Fischkutter	Schiffergilde Bremerhaven
Schwimmbagger	Wasser- und Schiffahrtsamt, Völklingen
Schleppdampfer	Stadt Haren
Fischkutter	Museumshafen Oevelgönne e. V., Hamburg (58)
Feuerschiff	Heimat-Museum Borkum (26)
Bojentender	Kieler Schiffahrtsmuseum (14)
Frachtschiff	Stiftung Hamburger Admiralität (65)
Fischewer	Museumshafen Oevelgönne e. V., Hamburg (58)
Polizei- und Löschfahrzeug	Westfälisches Industriemuseum, Waltrop (89)
Schleppdampfer	Förderkreis »Claus D«, Hamburg (58)
Bagger	Westfälisches Industriemuseum, Waltrop (89)
Fracht-, später Theaterschiff	privat, Hamburg
Frachtschiff	privat, Hamburg
Passagierschiff	Sächsische Dampfschiffahrt, Dresden (110)
Passagierschiff	Sächsische Dampfschiffahrt, Dresden (110)
Bagger	Stadt Papenburg
Feuerschiff	Stadt Cuxhaven
Feuerschiff	Museumshafen Oevelgönne e. V., Hamburg (58)
Feuerschiff	Deutsches Schiffahrtsmuseum, Bremerhaven (32)
Frachtewer	Altonaer Museum, Hamburg (64)
Feuerlöschboot	Feuerwehrmuseum, Fulda
Feuerschiff	»Feuerschiff für Lübeck« e. V.
Schlepper	Westfälisches Industriemuseum, Waltrop (89)
Frachtschiff	Museumshafen Oevelgönne e. V., Hamburg (58)
Frachtschiff	Westfälisches Industriemuseum, Waltrop (89)
Frachtschiff	Schiffbaumuseum, Rostock (77)
Rettungsboot	DGzRS, Norderney (24)
Seitentrawler	Morgenstern-Museum, Bremerhaven (31)
Seenotrettungskreuzer	Förderkreis Emden (37)
Zollkreuzer	Deutsches Zollmuseum, Hamburg (61)
Passagierschiff	Köln-Düsseldorfer Deutsche Rheinschiffahrt, Köln
Polarforschung	Deutsches Schiffahrtsmuseum, Bremerhaven (32)
Frachtschiff	Landkreis Wesermarsch, Brake

NAME	BAUJ.	ANTRIEB	LÄNGE
H 11347	1912	ohne Antrieb	21,3 m
Helmut	1923	Diesel	19,1 m
Herbert	1923	Diesel	13,2 m
Hermann	1905	Segel	17,15 m
Hermine	1904	Segel	25,5 m
Hindenburg	1944	Diesel	17,5 m
Hoher Göll	1911	elektrisch	18,7 m
Jantina	1900	Segel	14,88 m
Johanna	1903	Segel	18,6 m
Junger Pionier	1898	Dampf, Seitenrad	55,78 m
Kaiser Friedrich	1886	Dampf, 2 Schrauben	30,5 m
Kaiser Wilhelm	1900	Dampf, Seitenrad	57,24 m
Kapitän Meyer	1950	Dampf, Schraube	52,1 m
Karl Friedrich Steen	1928	Diesel	26,4 m
Kiel	1941	Diesel	19 m
Kogge von Bremen	ca. 1380	Segel	23,47 m
Kranich	1958	Diesel	42 m
Kurort Rathen	1896	Dampf, Seitenrad	55,73 m
Kurt-Heinz	1901	Dampf, Schraube	20 m
KW 19	1952	Diesel	29,8 m
Langer Heinrich	1890	ohne Antrieb	29,55 m
Leipzig	1929	Dampf, Seitenrad	68,99 m
Luise	1906	Segel, Hilfsmotor	19,45 m
M. Pk. 86	1926	ohne Antrieb	17 m
Mannheim	1929	Dampf, Seitenrad	82,91 m
Maria HF 31	1880	Segel	19,2 m
Meissen	1885	Dampf, Seitenrad	64,34 m
Minden	1882	ohne Antrieb	23,3 m
Moewe	1907	Segel	17,7 m
Nixe	1936	Dampf, Schraube	24,3 m
Nordstern	1902	Dampf, Schraube	26 m
Oskar Huber	1922	Dampf, Seitenrad	75 m
Ostara	1926	ohne Antrieb	67 m
Otto Hass	1894	Riemen	8,5 m
Otto Laufer	1928	Dampf, Schraube	17 m
Passat	1911	Segel	97,84 m
Paul Kossel	1920	Diesel	14,3 m
Phenol	1904	Dampf, Schraube	43,5 m
Pirna	1898	Dampf, Seitenrad	55,02 m
Porta	1925	(n. a.)	24 m
Potzscha-Wehlen-Bastei	1925	Dampf, Schraube	14,5 m
Präsident Freiherr Von Maltzan	1928	Segel, Diesel	22 m
Rau IX	1939	Dampf, Schraube	46,11 m
Recknitz	1953	Diesel	28,3 m
Regina	1966	Diesel	17,5 m

ORIGINALE VERWENDUNG	EIGNER, LIEGEPLATZ
Frachtschiff	Museum der Arbeit, Hamburg (59)
Schlepper	Deutsches Schiffahrtsmuseum, Bremerhaven (32)
Barkasse	Westfälisches Industriemuseum, Waltrop (89)
Frachtewer	Stadt Itzehoe
Frachtschiff	Wrackmuseum, Cuxhaven (21)
Rettungsboot	Kieler Schiffahrtsmuseum (14)
Passagierschiff	DM (138, Depot)
Frachtschiff	Moor- und Fehnmuseum, Elisabethfehn
Frachtewer	Museumshafen Oevelgönne e.V., Hamburg (58)
Passagierschiff	Sächsische Dampfschiffahrt, Dresden (110)
Passagierschiff	Museum für Verkehr und Technik, Berlin (103)
Passagierschiff	Elbschiffahrtsmuseum, Lauenburg (66)
Bojentender	Segelkameradschaft »Klaus Störtebeker«, Wilhelmshaven
Schwimmkran	Museum für Hamburgische Geschichte, Hamburg (60)
Feuerlöschboot	Kieler Schiffahrtsmuseum (14)
Handelsschiff	Deutsches Schiffahrtsmuseum, Bremerhaven (32)
Schnellboot	Deutsches Schiffahrtsmuseum, Bremerhaven (32)
Passagierschiff	Sächsische Dampfschiffahrt, Dresden (110)
Schleppdampfer	Kurt und Heinz Siebert, Berlin
Patrouillenboot	Marinekameradschaft Panzerkreuzer Yorck, Horumersiel
Schwimmkran	Schiffbaumuseum, Rostock (77)
Passagierschiff	Sächsische Dampfschiffahrt, Dresden (110)
Küstenfrachter	Mönchguter Museum, Göhren auf Rügen (80)
Frachtkahn	Westfälisches Industriemuseum, Waltrop (89)
Passagierschiff	Landesmuseum für Technik und Arbeit, Mannheim (124)
Fischewer	Deutsches Museum, München (138)
Passagierschiff	Sächsische Dampfschiffahrt, Dresden (110)
Bagger	Museum der Deutschen Binnenschiffahrt, Duisburg (91)
Frachtschiff	Museumshafen Oevelgönne e.V., Hamburg (58)
Passagierschiff	Westfälisches Industriemuseum, Waltrop (89)
Schleppdampfer	Lothar Bischoff, Nauen
Schlepper	Museum der Deutschen Binnenschiffahrt, Duisburg (91)
Frachtschiff	Westfälisches Industriemuseum, Waltrop (89)
Rettungsboot	Heimatmuseum Borkum
Polizeibarkasse	Museum für Hamburgische Geschichte (60,58)
Frachtschiff	Stadt Lübeck
Experimentelle Betonbauweise	Deutsches Schiffahrtsmuseum, Bremerhaven (32)
Frachtschiff	Westfälisches Industriemuseum, Waltrop (89)
Passagierschiff	Sächsische Dampfschiffahrt, Dresden (110)
Bagger	Westfälisches Industriemuseum, Waltrop (89)
Flußfähre	Kraftverkehr Pirna, Wehlen
Fischkutter	Museumshafen Oevelgönne e.V., Hamburg (58)
Walfänger	Deutsches Schiffahrtsmuseum, Bremerhaven (32)
Schlepper	Binnenschiffahrts-Museum, Oderberg (85)
Schlepper	Maritime Tradition Vegesack

NAME	BAUJ.	ANTRIEB	LÄNGE
Renzo	1931	Dampf, Schraube	19,5 m
Rickmer Bock	1944	Diesel	14 m
Rickmer Rickmers	1896	Segel	97 m
Riesa	1897	Dampf, Seitenrad	56,1 m
Rüdesheim	1926	Dampf, Seitenrad	76,2 m
Ruthof	1922	Dampf, Seitenrad	60,45 m
Saatsee	1920	ohne Antrieb	22,45 m
Sachsenwald	1914	Dampf, Seitenrad	25 m
St. Georg	1876	Dampf	18 m
Saturn	1908	Dampf, Schraube	16,04 m
Schaarhörn	1908	Dampf, Schraube	37 m
Schmilka	1897	Dampf, Seitenrad	56,06 m
Schulschiff Deutschland	1927	Segel	67,51 m
Schulte	1913	ohne Antrieb	22,71 m
Sea Cloud	1931	Segel, Diesel	77,21 m
Seefalke	1924	Diesel	58,5 m
Seima	1908	Dampf	20 m
Seute Deern	1919	Segel	54,43 m
Stadt Wehlen	1879	Dampf, Seitenrad	58,14 m
Stettin	1933	Dampf, Schraube	51,75 m
Stier	1954	Diesel	19,85 m
Stör	1937	Diesel	39,9 m
Stralsund	1890	Dampf, Schraube	37,5 m
Teniers	1909	Dampf, Schraube	24,18 m
Theodor Heuss	1960	Diesel, 3 Schrauben	23,2 m
Tiger	1910	Dampf, Schraube	15,98 m
U 1	1906	Petrol.-Elektromotor	42,4 m
U 9	1967	Diesel-Elektromotor	43,5 m
U 995	1943	Diesel-Elektromotor	67,06 m
Ulrich Steffens	1945	Diesel	10 m
Vegesack	1895	Segel	20,4 m
Volldampf	1896	Dampf, Schraube; später Diesel	17,9 m
Vorwärts	1903	Dampf, Schraube	64,28 m
Wal	1938	Dampf, Schraube	50 m
Walter Havernick	1930	Diesel	16,5 m
Wasserboot II	1928	Dampf, Schraube	23,5 m
WBR 7	1943	Diesel	39,17 m
Weltfrieden	1886	Dampf, Schraube	64,24 m
Weser	1907	Diesel	52 m
Wilhelm Bauer	1945	Diesel- und Elektromotoren	76,07 m
Wilhelmine von Stade	1914	Segel, Diesel	25 m
Wismar	1949	Diesel	17,6 m
Woltmann	1904	Dampf, Schraube	22 m
WSS IO	1953	Benzinmotor	9,2 m
Württemberg	1908	Dampf, Seitenrad	63,8 m

ORIGINALE VERWENDUNG	EIGNER, LIEGEPLATZ
Schleppdampfer	Deutsches Museum, München (138)
Rettungsboot	DGzRS, Bremen (43)
Frachtschiff	Windjammer für Hamburg e. V. (65)
Passagierschiff	Binnenschiffahrts-Museum, Oderberg (85)
Passagierschiff	Köln-Düsseldorfer Deutsche Rheinschiffahrt, Köln
Schleppdampfer	Donau-Schiffahrts-Museum, Regensburg (135)
Schwimmkran	Museum der Arbeit, Hamburg (59)
Schlepper	M. & B. Frenzel, Pirna
Passagierschiff	Verein Alsterschiffahrt, Hamburg
Schleppdampfer	Schiffbaumuseum, Rostock (77)
Staatsyacht	Förderverein D. S. »Schaarhörn«, Hamburg
Passagierschiff	Sächsische Dampfschiffahrt, Dresden (110)
Schulschiff	Seemannschule, Bremen
Transportschiff	Museum der Arbeit, Hamburg (59)
Yacht	Windjammer Segeltouristik, Hamburg
Hochseeschlepper	Deutsches Schiffahrtsmuseum, Bremerhaven (32)
Schlepper	M. Pflitsch, Berlin
Frachtschiff	Deutsches Schiffahrtsmuseum, Bremerhaven (32)
Passagierschiff	Sächsische Dampfschiffahrt, Dresden (110)
Eisbrecher	Förderverein Eisbrecher »Stettin«, Travemünde
Schlepper	Deutsches Schiffahrtsmuseum, Bremerhaven (32)
Passagierschiff	Holzminden (100)
Eisenbahn-Fähre	Deutsche Reichsbahn
Schleppdampfer	Westfälisches Industriemuseum, Waltrop (89)
Ex-Seenotrettungskreuzer *H. H. Meier*	Deutsches Museum, München (138)
Schleppdampfer	Museumshafen Oevelgönne e. V., Hamburg (58)
U-Boot	Deutsches Museum, München (138)
U-Boot	Technik-Museum, Speyer (127)
U-Boot	Deutscher Marinebund e. V., Kiel (13)
Rettungsboot	DGzRS, Neuharlingersiel (29)
Fischereischiff	Maritimtradition, Vegesack
Schleppdampfer	Museum für Verkehr und Technik, Berlin (103)
Frachtschiff	Deutsche Seerederei, Rostock
Eisbrecher	Schiffergilde Bremerhaven
Feuerlöschboot	Museum für Hamburgische Geschichte, Hamburg (60, 58)
Wasserboot	Museumshafen Oevelgönne e. V., Hamburg (58)
Minensucher	Marinekameradschaft von 1895, Frankfurt
Passagierschiff	Sächsische Dampfschiffahrt, Dresden (110)
Feuerschiff	Segelkameradschaft »Klaus Störtebeker«, Wilhelmshaven
U-2540	Technikmuseum U-Boot »Wilhelm Bauer«, Bremerhaven (33)
Elbewer	Stadt Stade
Fischereischiff	Schiffbaumuseum, Rostock (77)
Schlepper	Museumshafen Kappeln (6)
Experimentelles Tragflächenboot	Deutsches Schiffahrtsmuseum, Bremerhaven (32)
Schlepper	Magdeburger Museen (106)

NAME	BAUJ.	ANTRIEB	LÄNGE

Museumsschiffe Österreich

Gisela	1872	Dampf, Seitenrad	43,9 m
Schönbrunn	1912	Dampf, Seitenrad	74,7 m

Museumsschiffe Schweiz

Blümlisalp	1906	Dampf, Seitenrad	60,45 m
Gallia	1913	Dampf, Seitenrad	62,9 m
La Suisse	1910	Dampf, Seitenrad	78,03 m
La Vaudoise	1932	Segel, Diesel	17 m
Lotschberg	1914	Dampf, Seitenrad	56,39 m
Neptune	1904	Segel, Diesel	27,43 m
Rhone	1927	Dampf, Seitenrad	65,53 m
Rigi	1848	Dampf, Seitenrad	38,1 m
Savoie	1914	Dampf, Seitenrad	63 m
Schiller	1906	Dampf, Seitenrad	63 m
Simplon	1915	Dampf, Seitenrad	78,05 m
Stadt Luzern	1928	Dampf, Seitenrad	63,5 m
Stadt Rapperswil	1914	Dampf, Seitenrad	59,13 m
Stadt Zürich	1909	Dampf, Seitenrad	59,13 m
Unterwalden	1902	Dampf, Seitenrad	62,18 m
Uri	1901	Dampf, Seitenrad	61,87 m
Wilhelm Tell	1908	Dampf, Seitenrad	63 m

Museumsschiffe übernational

Hohentwiel	1913	Dampf	53,5 m

ORIGINALE VERWENDUNG	**EIGNER, LIEGEPLATZ**
Passagierdampfer	Traunsee-Schiffahrt
Passagierdampfer	Erste Donau-Dampfschiffahrtsgesellschaft, Wien
Passagierdampfer	Vaporama, Thun
Passagierdampfer	Schiffahrtgesellschaft des Vierwaldstätter Sees, Luzern
Passagierdampfer	Compagnie Générale de Navigation, Genf
Frachtschiff	Comfrérie des Pirates D'Ouchy, Lausanne
Passagierdampfer	Schiffsbetrieb BLS, Thun
Frachtschiff	Stadt Genf
Passagierdampfer	Compagnie Générale de Navigation, Genf
Passagierdampfer	Verkehrshaus der Schweiz, Luzern (163)
Passagierdampfer	Compagnie Générale de Navigation, Genf
Passagierdampfer	Schiffahrtsgesellschaft des Vierwaldstätter Sees, Luzern
Passagierdampfer	Compagnie Générale de Navigation, Genf
Passagierdampfer	Schiffahrtsgesellschaft des Vierwaldstätter Sees, Luzern
Passagierdampfer	Zürichsee Schiffahrtsgesellschaft, Zürich
Passagierdampfer	Zürichsee Schiffahrtsgesellschaft, Zürich
Passagierdampfer	Schiffahrtsgesellschaft des Vierwaldstätter Sees, Luzern
Passagierdampfer	Schiffahrtsgesellschaft des Vierwaldstätter Sees, Luzern
Passagierdampfer	Restaurant Wilhelm Tell, Luzern
Passagierschiff	Verein Internationales Bodenschiffahrtsmuseum, wechselnder Liegeplatz

ORTSREGISTER

Die Zahlen beziehen sich auf die Seiten; *kursiv* gesetzte Zahlen beziehen sich auf Seiten mit farbigen Abbildungen.

Aken/Elbe 102

Bad Schandau 104
Basel 136
Berlin *71, 79*, 96-98
Bleckede 53
Bodenwerder 94
Bodstedt 58
Borkum 24
Brake 30
Brandenburg 96
Bremen 35-38, *71*
Bremerhaven 4, 26-30, *70*
Bremervörde 31
Burg/Fehmarn 18

Cuxhaven 20, 21

Dresden *80*, 103
Düsseldorf 91
Duisburg *78*, 89, 90

Emden 33
Emmerich 62, *76*
Eutin 40

Flensburg 10, 12
Frankfurt/M. *81*, 108
Fulda 105

Glückstadt 40
Göhren/Rügen 59
Graben 117
Greifswald 61
Grein/Oberösterreich 129
Großefehn-Westgroßefehn 34

Hallein 132
Hamburg 45-51, *68, 73*
Hannover *4*, 94
Haren/Ems 38
Havelberg 55
Heidelberg 112
Heilbronn 114
Heiligenhafen 19
Heinsen 94
Hitzacker 53
Holzminden 96
Husum 16

Ingolstadt 119

Jork 31
Juist 23, *68*

Kamp-Bornhofen 107
Kappeln 12
Keitum/Sylt 10, *65*
Kiel 18
Koblenz 106
Köln 91
Kreuzlingen 136

Laboe 17, *66*
Langeoog 23
Lauenburg 52
Leer 33
Lohr/Main 110
Lübeck 44
Lüneburg 52, 53
Luzern *88*, 136

Magdeburg 99
Mainz 108
Mannheim 111
Marktrodach *75*, 116
Mauthausen/Oberösterreich 132
Meldorf 20
Minden 93
Mühlberg/Elbe 102
Mühldorf/Inn *83*, 122
München *4, 86*, 122
Münster 63, *77*

Nebel/Amrum 12
Neckargemünd 112
Neuharlingersiel 25, *69*
Neustadt/Holstein 40
Niederfinow 62
Nierstein 110
Norderney 23
Nürnberg *86*, 117

Oberndorf b. Salzburg 131
Oberwesel 107
Oderberg/Mark 62
Orth/Donau *87*, 134
Osterholz-Scharmbeck 39

Papenburg 33
Passau 84, 127
Petershagen 93
Prerow 58

Prien am Chiemsee *75*, 124

Radolfzell 128
Rastatt 116
Regensburg *82*, 119
Reichenau 128
Rendsburg 16
Rhauderfehn 34
Rheinau 116
Rosenheim 125, 126
Rostock 56, 57

St. Peter-Ording 19
Schärding 129
Schleswig 13-15, *67*
Schönebeck/Elbe 99
Seeboden am Millstädter See 135
Senden 64
Speyer 112, 114
Spitz/Donau *85*, 132
Stade 41
Stadl-Paura 132
Starnberg 124
Stralsund 4, 59-61

Tangermünde 96
Travemünde 44
Trier 108

Vietze/Elbe 54

Waltrop 89
Wangerooge 21
Warnemünde 56
Wasserburg/Inn 124
Wedel bei Hamburg 41
Weyer 133
Wien 133, 134
Wilhelmshaven 26
Wismar 56, *72*
Wittenberge 54, *74*
Wittmund-Carolinensiel 24
Wörth/Main *80*, 110
Worpswede 40
Wyk/Föhr 12

Ybbs/Donau 133

Zingst 58, *74*

REGISTER DER INSTITUTIONEN

Die Zahlen beziehen sich auf die Seiten; *kursiv* gesetzte Zahlen beziehen sich auf Seiten mit farbigen Abbildungen.

Altonaer Museum – Norddeutsches Landesmuseum, Hamburg 49, *68*
Amrumer Heimatmuseum, Nebel 12
Archäologisches Landesmuseum der Christian-Albrechts-Universität, Schleswig 13
Ausstellung in der Museumsschute H 11347 47

Bachmann-Museum, Bremervörde 31
Bayerisches Armeemuseum, Ingolstadt 119
Binikowskis & Behnkes Buddelschiff-Museum, Wedel bei Hamburg 41
Binnenschiffahrtsmuseum Oberberg/Mark 62
Bremer Landesmuseum für Kunst- und Kulturgeschichte (Focke-Museum) 36
Buddelschiff-Museum, Neuharlingersiel 25, *69*

Darß-Museum, Prerow 58
Detlefsenmuseum, Glückstadt 40
Deutsche Gesellschaft zur Rettung Schiffbrüchiger
Ausstellungsraum Bremen 36
Rettungsschuppen-Museum Neuharlingersiel 25
Deutsches Feuerwehrmuseum, Fulda 105
Deutsches Museum für Meereskunde und Fischerei, Stralsund 4, 60
Deutsches Museum, München *4*, *86*, 122
Deutsches Postmuseum, Frankfurt/Main *81*, 108
Deutsches Schiffahrtsmuseum, Bremerhaven 4, 26, *70*
Deutsches Zollmuseum, Museumszollboot *Glückstadt*, Hamburg 47
Dithmarscher Landesmuseum, Meldorf 20
Donau-Schiffahrtsmuseum, Regensburg *82*, 119
Dr.-Häberlin-Friesen-Museum, Wyk/Föhr 12

Eiderstedter Heimatmuseum, St. Peter-Ording 19
Elbschiffahrtsmuseum Lauenburg 52
Ennsmuseum Weyer 133

Fehnmuseum Eiland, Großefehn-Westgroßefehn 34
Fehn- und Schiffahrtsmuseum Westrhauderfehn 34
Feuerschiff Borkumriff 24
Fischerei- und Donaumuseum Orth/Donau *87*, 134
Flößerei- und Schiffahrtsmuseum Kamp-Bornhofen 107
Flößermuseum Unterrodach, Marktrodach *75*, 116
Focke Museum, Bremen 36
Förderverein Südbayerisches Schiffahrtsmuseum e.V., Starnberg 124

Hamburgisches Museum für Völkerkunde 45
Haniel Museum, Duisburg 89
Heeresgeschichtliches Museum Wien 134
Heimat- und Heringsfängermuseum Heimsen, Petershagen 93
Heimat- und Schiffahrtsmuseum Heinsen 94
Heimat-Museum Borkum 24
Heimathaus Schärding 129
Heimatmuseum Aken/Elbe 102
Heimatmuseum Bad Schandau 104
Heimatmuseum Bleckede 53
Heimatmuseum Bodenwerder 94
Heimatmuseum Bruckmannhaus, Oberndorf b. Salzburg 131
Heimatmuseum der Insel Fehmarn, Burg 18
Heimatmuseum der Stadt Rosenheim 125
Heimatmuseum Heiligenhafen 19
Heimatmuseum Leer 33
Heimatmuseum Oberwesel 107
Heimatmuseum Papenburg 33
Heimatmuseum Prien/Chiemsee *75*, 124
Heimatmuseum Reichenau 128
Heimatmuseum Rheinau 116
Heimatmuseum Schloß Pragstein, Mauthausen 132
Heimatmuseum Schloß Schönebeck, Bremen 37
Heimatmuseum Tangermünde 96
Heimatmuseum Vietze/Elbe 54
Heimatmuseum Warnemünde 56
Heimatmuseum Zingst 58, *74*
Historisches Museum am Hohen Ufer, Hannover *4*, 94

Historisches Museum der Pfalz, Speyer 114

Informationszentrum des Wasser- und Schiffahrtsamtes Minden 93
Inn-Museum, Wasserbau- und Schiffahrtstechnische Sammlung, Rosenheim 126
Inselmuseum Wangerooge 21

Kärntner Fischereimuseum, Seeboden (Millstädter See) 135
Karlsgraben – Ausstellung Fossa Carolina, Graben (bei Treuchtlingen) 117
Keltenmuseum Hallein 132
Kieler Schiffahrtsmuseum mit Museumshafen 18
Kölnisches Stadtmuseum 91
Kreismuseum Mühldorf/Inn *83*, 122
Küstenmuseum der Stadt Wilhelmshaven 26
Küstenmuseum Juist 23, *68*

Landesmuseum für Technik und Arbeit, Mannheim 111

Marine-Ehrenmal Laboe und U995, Ostseebad Laboe 17, *66*
Marinemuseum Dänholm, Stralsund 59
Marineschule Mürwik Wehrgeschichtliches Ausbildungszentrum, Flensburg 12
Militärhistorisches Museum der Bundeswehr, Dresden 103
Mönchguter Museum, Göhren auf Rügen 59
Morgenstern-Museum, Bremerhaven 4, 26
Museen im Kulturzentrum Rendsburg 16
Museum »Altes Land«, Jork 31
Museum Brandenburg 96
Museum der Arbeit, Hamburg 46
Museum der Deutschen Binnenschiffahrt, Duisburg *78*, 90
Museum der Elbinsel Wilhelmsburg, Hamburg 48
Museum der Stadt Wasserburg/Inn 124
Museum des Landkreises Schönebeck/Elbe 99
Museum für Antike Schiffahrt d. Römisch-Germanischen Zentralmuseums Mainz 108
Museum für das Fürstentum Lüneburg 52
Museum für Hamburgische Geschichte 47, *73*
Museum für Kunst und Kulturgeschichte, Lübeck 44
Museum für Schiffahrt und Torfbau, Osterholz-Scharmbeck 47
Museum für Verkehr und Technik, Berlin *79*, 96
Museum für Völkerkunde Berlin *71*, 98
Museum im alten Rathaus, Neckargemünd
Museumshafen Berlin 98
Museumshafen Flensburg 10
Museumshafen Greifswald 61
Museumshafen Hansestadt Rostock e.V. 56
Museumshafen Kappeln 12
Museumshafen Kiel 18
Museumshafen Oevelgönne e.V., Hamburg 46
Museumsschiff *Cap San Diego*, Hamburg 50
Museumsschiff *Georg Breusing*, Emden 33
Museumsschiff *Gera*, Bremerhaven 7, 26
Museumsschiff *Minden* 90
Museumsschiff *Oscar Huber* 90
Museumsschiff *Passat*, Travemünde 44
Museumsschiff *Rickmer Rickmers*, Hamburg 49
Museumsschiff *Ruthof*, Donau-Schiffahrts-Museum Regensburg 119
Museumsschiff *Stör*, Holzminden 96
Museumsschiff Elbschleppdampfer *Württemberg*, Magdeburg 99
Museumsschiff Schubboot *René Siegfried*, Nierstein 110
Museumsschiffe Landungs- und Überseebrücke, Hamburg 49, 50

Norddeutsches Landesmuseum (Altonaer Museum), Hamburg 49, *68*

Oberhausmuseum Passau *84*, 127
Oberösterreichisches Schiffahrtsmuseum, Grein 129
Österreichisches Staatsarchiv, Wien 133
Ostholstein-Museum Neustadt/Holstein 40
Ostpreußisches Landesmuseum, Lüneburg 53

Pelzerhaus Emden 33
Postmuseum am Stephansplatz, Hamburg 48
Prignitz-Museum, Havelberg 55

Rettungsbootschuppen der ehemaligen Rettungsstation »Norderney-West«, Norderney 23
Rheinisches Landesmuseum Trier 108

Rheinisch-Westfälisches Wirtschaftsarchiv zu Köln 92
Rheinmuseum Emmerich 62, *76*
Rhein-Museum Koblenz 106

Schiffahrts- und Schiffbaumuseum Wörth/Main *80*, 110
Schiffahrtsmuseum der Hansestadt Rostock 57
Schiffahrtsmuseum der oldenburgischen Weserhäfen e.V., Brake 30
Schiffahrtsmuseum des Stadtmuseums Düsseldorf 91
Schiffahrtsmuseum Flensburg 10
Schiffahrtsmuseum Haren/Ems 38
Schiffahrtsmuseum Husum 16
Schiffahrtsmuseum Nordseeheilbad Langeoog 23
Schiffahrtsmuseum Spitz/Donau *85*, 132
Schiffs- und Marinemuseum Senden 64
Schiffshebewerk Niederfinow 62
Schiffsleutmuseum Stadl-Paura 132
Schleimuseum Kappeln 12
Schloßmuseum, Eutin 40
Schwedenspeichermuseum Stade 41
Schwimmende Museen Kiel 18
Seemuseum Kreuzlingen 136
Sielhafenmuseum Carolinensiel, Wittmund-Carolinensiel 24
Spessartmuseum Lohr 110
Stadtgeschichtliches Museum Wismar »Schabbellhaus« 56, *72*
Stadtmuseum »Alte Burg«, Wittttenberge 54, *74*
Stadtmuseum Cuxhaven 20
Stadtmuseum Mühlberg/Elbe 102
Stadtmuseum Radolfzell 128
Stadtmuseum Ybbs/Donau 133
Städtische Museen Heilbronn 114
Städtisches Museum Schleswig-Holm, Schleswig 15
Städtisches Museum Schleswig 15
Strolsunner Klüverboom Commün Traditionshafen Stralsund 61
Sylter Heimatmuseum, Keitum/Sylt 10, *65*

Technik-Museum Speyer 112
Technikmuseum U-Boot *Wilhelm Bauer* e.V., Bremerhaven 30
Technisches Museum Wien 133
Torfschiffwerftmuseum Worpswede 40
Traditionshafen Bodstedt 58

Übersee-Museum Bremen 35, *71*

Verkehrsdrehscheibe Schweiz, Basel 136
Verkehrshaus der Schweiz, Luzern *88*, 136
Verkehrsmuseum Dresden *80*, 103
Verkehrsmuseum Nürnberg 86, 117
Völkerkundemuseum der Portheim-Stiftung, Heidelberg 112

Walter-Honig-Heimatmuseum, Hitzacker 53
Wehrgeschichtliches Museum Rastatt 116
Wehrtechnische Studiensammlung des Bundesamtes für Wehrtechnik und Beschaffung Koblenz 106
Westfälisches Industriemuseum, Altes Schiffshebewerk Henrichenburg, Waltrop 89
Westpreußisches Landesmuseum, Münster 63, *77*
Wikinger Museum Haithabu, Schleswig 13, *67*
Wissenschaftliches Institut für Schiffahrts- und Marinegeschichte, Hamburg 45
Wrackmuseum Cuxhaven 21